ALFRED A. WEBER

Sonne, Wind und Sturm

Gedichte aus dem Leben

novum pro

www.novumverlag.com

Bibliografische Information
der Deutschen Nationalbibliothek:

Die Deutsche Nationalbibliothek
verzeichnet diese Publikation in
der Deutschen Nationalbibliografie.
Detaillierte bibliografische Daten
sind im Internet über
http://www.d-nb.de abrufbar.

Alle Rechte der Verbreitung,
auch durch Film, Funk und Fernsehen,
fotomechanische Wiedergabe,
Tonträger, elektronische Datenträger
und auszugsweisen Nachdruck,
sind vorbehalten.

Gedruckt in der Europäischen Union
auf umweltfreundlichem, chlor- und
säurefrei gebleichtem Papier.

© 2023 novum Verlag

ISBN 978-3-99146-428-0
Lektorat: Juliane Johannsen
Umschlaggestaltung: Melanie Clalüna
Layout & Satz: novum Verlag
Autorenfoto: Heidi Schlegel Weber

www.novumverlag.com

Inhaltsverzeichnis

Sonne, Wind und Sturm 11
Schwangerschaft & Geburt eines Gedichts 12
Hurra, ich bin Rentner 14
Abschied vom Jahr 17
Alte Hände 18
Der Wendehals 20
Blödsinn 21
Der Poet 22
Geh' nach Hause 23
Spiel mit dem Feuer (Trilogie) 24
Lebenshilfe 30
Heute war nicht mein Tag 31
Der alte Sack 33
Adonis 34
Elfchen 35
Unsere Erde 36
Schweinerei 39
Wie find ich einen Mann 40
Nur so'n Zettel 41
Bienensterben 43
Der alte Mann im Park 45
Nebelwanderung 48
Wer bist du? 50
Regeln 51
Entscheidungen 52
Heimweh 53
Alles hat seine Zeit 55
Thema verfehlt 57
Mensch, wach auf 58
Selbständigkeit 61
Limerick 62
Herzschmerz 63

Was ist mit mir?	64
Schneeglöckchen	66
Trockenheit	67
Corona, hau' ab	69
Die Angst ist vorbei	71
Corona-Gedicht aus der Schüler Sicht	73
Fitness	74
Seelenleben	76
Versetzt	77
Haustiere	79
Weg zum Erfolg	80
Charlie Chaplin	81
Naturmensch	82
Waldluft	84
Finkenhahn	85
Weg und Ziel	86
Probleme	87
Ehestreit im Hühnerhof	88
Übung macht Meister	89
Leid und Lüge	90
Meine Weisheiten	91
An meine Brille	92
Abenteuer	93
Wille	95
Die Ohnmacht	96
Krieg (1)	98
Krieg (2)	99
Krieg (3)	101
Auf der Flucht	102
Die Jahreszeiten des Lebens	104
Gemüse	105
Ding	106
Unschuld vom Lande	107
Sein Freund, der Baum	109
Was nun?	111
Der alte Uhu	113

Das Tier in mir	114
Weihnachtsnacht	116
Rudi der Elch	117
Weg und Spur	119
Ein schwieriger Mann	120
Schule	122
Basta	123
Date	124
Vorteile im Alter	125
Das falsche Nest	127
Begierde	128
Scheiden tut weh	129
Sehnsucht eines Wassertropfens	130
Vierzeiler	132
Ich liebe mich	133
Das japanische Haiku	134
Thekenbekanntschaft	135
Kaltes Herz	137
Ein Angler	138
Drei Spatzen	140
Die Blattlaus	141
Das Feigenblatt	142
Verliebt	144
Die Vogelscheuche	145
Sieben rote Käferlein	146
Begegnung	147
Der Strohhalm	149
Freiheit	150
E-Bike-König	152
Ein arroganter Hahn	154
Schüchterne Liebe	155
Anderswo	156
Traum-Gespräch	157
Wüste	159
Sommer	160
Raupen	162

Sie tun es	163
Blumen im Winter	164
Hustengeist	165
Spieglein an der Wand	166
Ein alter Stier	167
Metalle	169
Nur ein Lächeln	170
Schaukel	171
Wurm im Herbstwind	172
Die Kuh	173
Trennung	174
Quak, quak	175
Männergrippe	176
Stress	178
Tomaten	179
Hey Du	181
Mückenstich	182
Leuchtturm	183
Flohlatein	185
Fünfzeiler	186
Mein erster Ski-Tag	187
Fliegenbiest	190
Nachtwanderung	192
Der soziale Tod	193
Ich ließe mich	194
Vorstellung	195
Versuch	196
Dorfkind	197
Xanthippe	199
Der Mond	200
Zeit	202
Der Floh und die Laus	204
Frühlingsappell	206
Meine Leidenschaft	207
Geh raus	208
Weihnacht (2022)	209

Veränderungen	211
Unwettergewalt	212
Traum-Erlebnis	214
Pessimisten	216
Pleite	217
Klaus-Bärbel	219
Julischwüle	220
Liebe	221
Morgenstille	222
Karottensuppe	224
Katze, Hund und Fisch	225
Ein Mensch	226
Kunzes Geburtstag	228
Kunzes Gesundheits-Check	229
Kunze, lebe	231
Kunze und das Handwerk	233
Kunze im Finish-Restaurant	234
Kunze und der liebe Gott	236
Kunze hat Ausgang	237

Sonne, Wind und Sturm

Sonne, Wind und Sturm,
daraus besteht dein Leben.
Du, Mensch, bist nur ein Wurm,
willst stets nach Überleben streben.

Die Sonne dir das Leben erhellt,
du geniesst jeden Sonnenstrahl,
der für Sekunden in dein Herze fällt,
das ist Glück und Freude allemal.

Der Wind treibt dir die Flausen aus,
dass du nicht übermütig bist.
Dem Gegenwind, dem weichst du aus;
das ist deine Überlebenslist.

Die Stürme im Leben musst du bestehen.
Nicht abwarten, jetzt musst du agieren
und positiv, wie mutig, nach vorne sehen,
auf keinen Fall die Richtung verlieren.

Du bist ein Teil Natur, mit festem Stand,
kein Unwetter kann dich erreichen,
hast in deinem Leben klar erkannt,
stehst fest in allen Lebensbereichen.

***

Schwangerschaft & Geburt eines Gedichts

Oft gehe ich Tage lang schwanger
mit einem neuen Reim.
Mir wird es bang und banger,
ich freue mich ungemein.

Das Thema ist so prickelnd,
anregend und interessant,
mich ganz in sich verwickelnd,
dann juckt es in der Hand.

Das sind die schwersten Wehen,
schon sitze ich am Tisch
und im Handumdrehen
finden gereimte Worte sich.

Doch was will ich gestalten,
Ballade oder Lied?
Es kritisch oder dramatisch halten?
Wie wär's, wenn episch es geschieht.

Was in mir ist gereift,
in Tag- und Nachtgedanken,
das wird nur noch gereimt,
da komme ich nicht ins Wanken.

Es wird gestrichen und geändert,
verbessert und radiert,
das Thema reich umrändert,
im Reim stets variiert.

Beim letzten Punkt ist es vollbracht,
ich lese es noch einmal geschwind,
und wenn es mich dann angelacht,
ich Geistesvater, es mein Kind.

* * *

Hurra, ich bin Rentner

Mein Leben lang hab' ich geschuftet,
war fleißig wie ein Arbeitstier,
dann bin ich aus der Arbeitswelt verduftet.
Jetzt seht ihr mich als Rentner hier.

*„Genau genommen hab' ich nichts zu tun,
als nur vom Nichtstun auszuruh'n" (Heinrich Zille)*

Von einem Tag auf den andern
war es dann so weit:
„Jetzt hast du Zeit zum Wandern,
nimm deinen Stock und sei bereit."

*„Wir wollen zum Abschluss die Gläser heben,
auf dein fröhliches Rentnerleben."*

Ich war erschrocken ob dieser Ehre.
Niemals hab' ich mehr feiertagsfrei!
Jetzt war ich einer der „Jungen Pensionäre".
Mit bezahltem Urlaub war es auch vorbei.

*„Wie komm ich jetzt als Rentner denn in Fahrt,
das fragt ich mich und suchte Rat."*

Das Alter wird für mich kein Keller,
in den hinein ich fallen könnt.
Ich begriff ganz schnell und schneller,
wie wichtig für mich sein kann die Rentnerwelt.

*„Müßiggang ist nicht gefragt,
mein Herz blieb jung, bin ich auch betagt."*

Ich atme erst mal tief durch,
lasse Vergangenes Revue passieren.
Nach vorne zu schau'n macht mir keine Furcht;
was hinter mir liegt, muss mich nicht genieren.

*„Ich habe gelebt in Lieben und Hassen,
und ich habe sichtbare Spuren hinterlassen."*

Ich habe gewonnen und verloren,
habe geholfen aus so mancher Not,
klopfte verzweifelt an verschlossene Tore
und fragte: „Warum ich, lieber Gott?"

*„Ich bin gestolpert und lag auch darnieder,
bin aber gestärkt aufgestanden, immer wieder."*

Jetzt als Rentner werd' ich genießen,
und ich werde mich ganz neu entdecken.
Niemand wird mir auch nur einen Tag vermiesen,
niemand wird meine neue Weste beflecken.

*„Ich lebe jetzt mehr mit Sinn und Verstand
in meinem neuen Rentnerstand."*

Ich hab' eine neue Identität angenommen,
bin nicht mehr Polizist oder Lehrer mit Diplom,
ich bin im Ruhestand angekommen,
in ganz anderer Position.

*„Ich habe mein neues ICH gefunden, neue Tagesstruktur,
mein Garten, mein Drechselkeller machen mir Freude pur."*

Seit Jahren bin ich jetzt Rentner ohne Langeweile,
habe hier und da immer zu tun,
bin immer tätig, aber ganz ohne Eile;
die Nacht ist da um auszuruh'n.

*„Bei allem Fleiß in diesem Reim
lege ich auch am Tag mal eine Auszeit ein."*

Ich lebe in einer kleinen Firma zu Haus,
mein einziger Chef ist meine Frau,
sie sucht die Ferienziele aus
und plant auch diese ganz genau.

*„Wandern und Reisen, des Rentners Welt."
Daher kommt der Fehlschluss: „Rentner haben Geld!"*

* * *

Abschied vom Jahr

Das alte Jahr ist gegangen.
Nur die Erinnerung bleibt.
Mit dem Neuen wir anfangen,
das neue Geschichten schreibt.

Silvesternacht kräftig begossen,
mit Wein, Schnaps und Bier.
Auch Champagner ist geflossen,
nun sitz' ich mit Kopfschmerzen hier.

Übelkeit dreht mir den Magen,
kalter Schweiß bricht aus,
Kreislauf auf Berg und Talfahrt,
heute bleib' ich im Elend zu Haus.

Nie mehr will ich so viel trinken.
Nie mehr trinken um die Wett',
für das nächste Neujahr, mein Schwur.
Aber heute bleib ich im Bett.

Weil das ein schlechter Anfang ist
für das jungfräulich, neue Jahr.
Und mir's noch immer sauübel ist,
kann's Neue nur besser werden, fürwahr.

***

Alte Hände

Liegen in der Mutter Schoß,
viele Falten, klein und groß.
Die Linke und auch Rechte,
bei der Arbeit fleißige Knechte.

Ach du meine Güte,
was sind sie jetzt so müde;
ein Leben lang in Bewegung,
jetzt schmerzt jede Regung.

Sehr viel haben sie geschafft
und das bei Tag und auch bei Nacht.
Müde Augen, müde Hände,
sprechen Bände.

Müde Hände, müde Augen,
für fast nichts mehr taugen.
Noch so viel gibt es zu tun,
noch keine Zeit um auszuruh'n.

Ehefrau, Mutter, Oma, was war sie stolz,
bis ihre Energie aus dem Körper schmolz.
Im Bauernbetrieb schweres Schaffen.
Nach und nach die Muskeln erschlaffen.

Die Abende lang bis in die Nacht,
dann leise ins Bett, ganz sacht'.
Der Morgen kommt immer ganz allein,
endlich schlief sie ein.

Am Morgen in der Frühe
beim Aufstehen große Mühe.
Nichts war heute wie bisher,
das Aufstehen fiel ihr schwer.

Im Schaukelstuhl ruht sie sich aus.
Totale Stille im ganzen Haus.
Ihre Augen werden klein,
dann schläft sie für immer friedlich ein.

Die alten Hände
sprachen Bände.
Sie finden jetzt, im Nu,
die verdiente Ruh.

* * *

Der Wendehals

In der Schweiz und in der Pfalz
gibt es den Vogel „Wendehals".
Von seiner Art ist er ein Specht,
er dreht den Hals, mal links, mal rechts.

Auch unter Menschen gibt's die Art,
die sich in der Politik gerne schart.
Seine Meinung im politischen Haus,
geht rückwärts und seitwärts und nie geradeaus.

Wenn man einen klaren Standpunkt erhofft,
dann ist das vergebens, er ändert ihn zu oft.
In diesen Fällen eines Falls,
nennt man ihn gleichwohl „Wendehals".

Wenn du seiner Meinung Vertrauen schenkst,
hat er sie schneller geändert, als du denkst.
Glaube ihm besser kein einziges Wort,
denn er steht nicht dazu, er fliegt lieber fort.

* * *

Blödsinn

Rosen sind rot.
Die Saurier sind tot.
In der Nachbarschaft, weiß jeder,
gibt's so manchen Miesepeter.

Der Himmel ist blau.
Die Oma ist grau.
Opa Nachbars Äpfel klaut,
schaut auf der Straße nach jeder Braut.

Das alles ist sehr peinlich
und darum ess' ich heimlich
aus dem Kühlschrank Erdbeereis
und höre auf mit diesem Scheiß.

* * *

Der Poet
(Verschränkter Reim) abcabc

Gedichte in Vers und Reimen,
philosophisch und auch schlicht,
die schreib ich dann schnell nieder.
Solange die Worte in mir keimen,
komme ich näher dem Gedicht;
so mach ich's immer wieder.

Auch lustig, manchmal innig.
Fachberichte und auch Reden,
das zum Anlass einer Feier.
Dann sitz' ich da und lange sinn' ich.
Was ich schreib, schreib ich für jeden,
sowohl Kunze als auch Meier.

Gedichte über die Natur,
über des Bauern Kühe und Ziegen
und auch Weisheiten für's Leben,
oft auch über Wald und Flur,
dass junge Mütter Kinder kriegen,
die Väter dafür zur Arbeit streben,
so verlangt es uns're Kultur.

Ist der Schlussreim dann gefunden,
ruhe ich aus, die nächsten Stunden.
Lass' mir ein Gläschen Rotwein munden,
für Minuten und Sekunden,
drehe ich im Geiste 2–3 Runden,
hab neue Themen bald gefunden.

* * *

Geh' nach Hause

Er
Geh' nach Hause zu deinem Mann,
er glaubt an dich und betet dich an.

Gib dich nicht weg,
wirf dich nicht hin,
es hat keinen Zweck,
es hat keinen Sinn.

Danach bereust du es dann
und willst wieder heim, zu deinem Mann.

Sie
Dann geh' auch du heim, zu deiner Frau,
sie braucht dich,
doch wird sie aus dir nicht ganz schlau.

Sag ihr noch heute,
dass du sie liebst,
mach ihr die Freude,
eh' du dich mir gibst.

Denn eines weiß ich ganz genau:
„Ich bin chancenlos gegen deine Frau!"

***

Der Ausdruck **Trilogie** für eine Folge von drei eigenständigen, aber thematisch zusammengehörenden Werken (Film, Musik, Literatur) leitet sich aus dem griechischen Wort trilogia (tri- = drei und lógos = Rede) ab und *nicht* aus dem Wort Trio, welches aus dem Italienischen stammt.

Spiel mit dem Feuer (Trilogie)

Spiel mit dem Feuer (Sie)

Im Tasnatal auf der Brücken,
da saß ein verliebtes Paar,
sie liebkosten sich mit Entzücken,
versprachen sich Treue fürwahr.

Er schenkte ihr einen Ring aus Gold,
sie nahm ihn mit freudigem „Ja",
er erstand ihn von hart verdientem Sold,
hatte ihn bezahlt in bar.

Unter der Brücke der reißende Bach
war Zeuge vom Treueschwur,
wie auch von Kuss um Kuss danach,
zwischen Bergen und Wiesen und Flur.

Hand in Hand und eng umschlungen
gingen sie am Abend zurück.
Ein Liebeslied, gemeinsam gesungen,
die Herzen voller Liebesglück.

Die Trennung am Dorfrand,
ernüchternd und kurz.
Seine Hand nicht die Ihre fand,
von Liebeshoch zum Gefühlesturz?

Trennung, Verzweiflung, rasendes Herz:
„Wann werd' ich sie wiedersehen",
so denkt er im Liebesschmerz:
„Wie soll ich diesen Abschied verstehen?"

„Warum ließ ich ihn ohne Hoffnung fort?"
„Ich geh' meinen schwersten Gang.
Ich liebe ihn, da läuft er in den Ort
und ich muss heim zu meinem Mann."

„Ich muss es ihm bald sagen,
dass ich schon vergeben bin,
und ich darf auch den Ring nicht tragen,
das ergäbe doch keinen Sinn."

„Das Spiel mit dem Feuer hat mich glücklich gemacht.
Wie komme ich da wieder raus?
Der Teufel hat zugeschaut und gelacht
und mein Mann wartet auf mich zu Haus'."

Schlechtes Gewissen, nur schwer zu verbergen.
Er spürte, was da heute geschehen.
Wie sie sich verhielt, konnte er bemerken:
Sie gestand! Doch er konnte es nicht verstehen.

Im Tasnatal auf der Brücken,
saß nie wieder dieses Paar.
Es gab nie mehr Liebkosungen mit Entzücken,
weil sie schon verheiratet war.

Ihr Mann, der ließ sich bald scheiden,
der Liebhaber wanderte aus,
den Dorfspott musste sie erleiden,
verlor die Liebe und auch ihr Zuhaus'!

* * *

Spiel mit dem Feuer (Ehemann)

Seit Tagen spür' ich
Sie ist oft nicht zu Haus.
Ich frage mich:
„Geht sie nur mal so raus?"

Heute kam ich von der Arbeit
und war dann allein.
Ich frag' mich lang und breit:
„Wo mag sie nur sein?"

Dann kommt sie, grüßt mich flüchtig.
Ihr Blick, stumm geradeaus.
Irgendwas ist da nicht richtig!
Meinen Fragen weicht sie aus.

„Ist was, dass ich mir Sorgen mach',
oder geht es dir nicht gut?"
„Ich war im Tal beim Bach,
habe da ein bisschen geruht."

„Ja, von da kamst du her,
du gingst mit jemandem Hand in Hand,
ich sah, es war ein ER,
der am Dorfrand verschwand."

„Steht da ein anderer Mann
zwischen uns beiden?
und wenn du ihn liebst, dann
würde ich sehr darunter leiden."

„Ich frag, wo unsere Liebe bleibt?
Ich seh' mich alleine und sehr verletzt!"
„Ich hab' mich verliebt, es tut mir leid!
Gut, dass ich es dir gesagt habe, jetzt."

„Wo ist er dir über den Weg gelaufen,
der nun mit seiner Eroberung prahlt?
Unser Haus kann ich verkaufen
und es ist lang nicht bezahlt!"

„Nein, ich habe mit ihm Schluss gemacht,
Verzeih mir doch bitte!"
„Ja, denkst du, das geht so über Nacht
und ich bin der gehörnte Dritte?"

„Geh' aus dem Haus, und zu ihm hin,
ich will dich nicht wieder sehen.
Mit dir noch zusammen, ist ohne Sinn,
magst zu ihm oder zu 'ner Freundin gehen."

Unsere Liebe verraten,
das Haus ist verloren,
auf das wir jahrelang sparten.
Schulden über beide Ohren.

Er verkaufte das Haus recht schnell.
Es war weg, ohne Mühen,
für wenig Geld, sofort auf der Stell,
denn es war hochverschuldet und beliehen.

***

Spiel mit dem Feuer (Geliebter)

Dienstag und Freitag, jede Woch'
traf ich sie an der Brücken,
wir waren verliebt, so himmelhoch,
mein Herz schlug bis zum Hals vor Entzücken.

Wir waren, so meint ich, ein glückliches Paar,
sie schenkte mir ganz ihre Liebe.
Ich dachte ehrlich und fürwahr,
dass das immer so bliebe.

Ich schenkte freudig ihr meine Jugend.
Ohne Zögern bekam ich ihr Herz.
Sie schaute oft in die Ferne wie suchend
und auch träumend himmelwärts.

„Wo war sie in diesen Momenten?
Sicherlich nicht ganz bei mir.
Wollte sie gar unsere Liebe beenden,
in besonders sanfter Manier?"

„Aber nein, das glaube ich nicht!"
Meinen Ring hat sie freudig genommen,
mit strahlendem Gesicht
und ihr „JA" hab' ich dafür bekommen.

Auf dem Heimweg sangen wir Lieder
und wir gingen Hand in Hand,
oft schaute sie nachdenklich nieder,
was ich beängstigend empfand.

Aber dann am Dorfrand:
Da ist es passiert.
Sie entzog mir die Hand,
hat sich sichtlich geniert.

Sie ließ mich dann stehen.
Keinen Kuss und ohne Abschiedswort.
Das konnte ich erst verstehen,
als ich die Wahrheit hörte, im Ort.

Sie ist vergeben, schon seit Jahren,
was sie getan, findet keiner recht!
Das ist mir durch die Glieder gefahren,
hab' mich geschämt und fühlte mich schlecht.

„So missbraucht zu werden tut weh.
Ich musste weit weg, aus dem Dorf heraus,
dass ich sie nie mehr seh',
wandere ich aus!"

Er wanderte aus in die Ferne,
denn die Enttäuschung saß tief und fest.
Zurück dachte er nicht mehr gerne.
erlebt jetzt vereinsamt seines Lebens Rest.

* * *

Lebenshilfe

Dein Leben spielt verrückt.
Nichts mehr, was dir glückt,
überall greifst du daneben,
das ist seit Tagen so, dein Leben.

An allen Ecken sticht's und hakt's
und auch an deiner Seele nagt's.
Wenn deine Augen sehen Sterne,
dann geh' ans Fenster, schau in die Ferne.

Schau an, gegenüber, deine Berge,
hör' in dich hinein und bemerke:
Das beruhigt langsam den Puls und dein Herz.
Langsam schwindet auch der Seelenschmerz.

Das ist der Einfluss der Natur.
Gib dich dem hin und sei nicht stur,
du spürst, wie die Ruhe kehrt zurück,
es geht dir besser, Stück für Stück.

Zurück kehrt deine Zuversicht,
dein Kummer verliert an Gewicht,
du kannst jetzt auch schon wieder lachen,
statt dich nur verrückt zu machen.

Wenn's mal wieder piekst und prickelt,
du hast dich wieder mal verdribbelt.
Dann denke stets daran,
dass die Natur dir helfen kann.

* * *

Heute war nicht mein Tag

Der Wecker meldet: „Es ist Tag!"
Rasier' und wasch dich und dann plag
dich ab mit Hose und mit Hemd,
den Pulli über und die Haare noch gekämmt.

Hin, zum Kaffeetisch gerannt,
den Kaffee rein, ganz schnell und s'Maul verbrannt;
die Hälfte auf der Hos', was denken da die Leute,
verdammt, der Tag wird heiter, heute.

Raus aus der Tür und Jacke eingeklemmt,
im ersten Zorn platzt fast das Hemd.
Nein, doch nicht, Knopf nur abgerissen,
jetzt beim Rennen auf die Zunge noch gebissen.

Och, was soll's, sage ich mir im Scherz:
„Indianer kennen keinen Schmerz!"
Mit den Nerven fertig und soll noch was leisten,
doch ich tröste mich: „So geht's wohl den Meisten."

Ankunft am Dienstort: „Mensch, bin ich sauer."
„Du grüßt wohl nicht jeden, na, so ein Bauer!"
So putzt mich der erste Kollege gleich runter,
Verdammt reiß' dich am Riemen und werd' endlich munter.

Nun kommt noch der „Alte" mit miesem Gesicht,
ich rede mir noch ein: „Mensch ärger dich nicht!"
Doch die Lawine rollt schon auf mich zu:
„Alfred, bleib stark und behalte die Ruh'!"

Es war nicht so schlimm, wie ich erst dachte.
Ich sehe ein, dass ich einen Fehler machte,
Ich glaub' es ihm ja, er hat ja so recht,
und er kann nicht wissen, dass mir's heut' geht so schlecht.

Der Dienst geht vorbei, war heut' nicht sehr nett:
„Ganz klar, mit dem falschen Fuß aus dem Bett.
Daheim darf das so nicht weitergehen,
die Familie würde das nicht verstehen."

Ja, so Tage gibt's immer mal im Leben,
doch nie resignieren, niemals nachgeben,
bewölkt ist der Himmel an manchen Tagen,
bis die Sonne die Wolken besiegt, kann man's ertragen.

* * *

Der alte Sack
(Parabel)

Ein alter Sack aus Jute,
Der hatte 'ne freche Schnute.
Wenn man ihn füllte,
er gleich brüllte:
„Nicht füllen, hab ein Loch!"
Und füllte man ihn doch,
dann lief die Füllung ohne Paus'
durch das Loch wieder heraus.

***

Adonis
(Gedanken einer Frau)

Sie sah ihn an,
denn er gefiel.
Ein toller Mann,
galant mit Stil.

Stolz wie ein Gott,
Adonis-Gesicht.
Ein Mannsbild, ganz flott.
Leider redete er nicht.

Als er redet und unsinnig lacht,
Worte die ihr galten.
Hat sie entsetzt gedacht:
„Ach, hätt' er doch nur den Mund gehalten."

***

Elfchen

Ein **Elfchen** ist ein Gedicht, das sich nicht reimen muss.
Es besteht aus elf Wörtern und 5 Zeilen.

1. Zeile: Ein Wort
2. Zeile: Zwei Wörter
3. Zeile: Drei Wörter
4. Zeile: Vier Wörter
5. Zeile: Ein Wort

Hier zwei Beispiele:

Elfchen

Vogelgesang
vielstimmig überall
Spatzen, Meisen, Finkenschar,
Zugvögel auch schon da.
Frühlingstreiben

Elfchen

Dorfbrunnen
plätschern leise,
kühles, erfrischendes Quellwasser.
Wanderer laben sich täglich.
Lebensquell

***

Lieber Leser, liebe Leserin,
probieren Sie es doch mal, jeder kann Gedichte schreiben.

Unsere Erde
(Kreuzreim)

Unsere Welt ist groß und reich,
um alle Menschen zu ernähren.
Die Realität macht mich jedoch bleich,
die kann mir niemand erklären.

Der „Blaue Planet"
wird sie genannt.
Als Rundum-Sorglos-Paket,
durch Wiesen, Seen und Ackerland.

Wir dürfen sie nutzen
und sollen sie erhalten.
Auf keinen Fall verschmutzen,
den Reichtum verwalten.

Doch was tun wir mit dem Erbe,
das nur ein kurzes Leben uns gehört?
Wir benehmen uns wie dumme Zwerge,
haben nur ausgebeutet und entehrt.

Ich glaube: „Wir schaffen noch die Wende.
Doch viele haben noch nicht begriffen,
glauben, wir seien schon am Ende.
Noch können wir den Super-GAU umschiffen."

Ich glaube: „Zu viele Reden werden geschwungen,
statt Millionen Hungernde zu speisen.
Zu viel Gerede mit falschen Zungen,
die Lügen Unmenschlichkeit beweisen."

Zu viele haben Hunger in Teilen der Welt,
Kriege vernichten Hab und Gut,
verbrennen verantwortungslos manch Weizenfeld,
andere zahlen dafür den hohen Tribut.

Unser Leben wäre schön genug,
um es mit Lust und Freude zu leben,
doch wir schweben im Selbstbetrug
und nehmen und nehmen, statt zu geben.

Ich glaube: „An die Ehrlichkeit,
wenn ich sie auch muss suchen."
Ich glaube: „An die Menschlichkeit,
für jeden ein Streusel vom großen Kuchen."

Der Menschheit Wert geht nicht nach Farben,
des Menschen Wert ist unbestimmt.
Zu viele schon an Hunger starben,
beide Geschlechter, meist schon als Kind.

Ich glaube: „An den einen Tag,
an dem die Menschheit endlich erwacht
und erkennen wird, mit einem Schlag,
die Dunkelheit ist selbstgemacht."

Ich weiß: „Dass die Sonne wieder scheint,
die Luft wieder rein und ohne Smog,
zum Frieden bereit auch der letzte Feind
beim großen Umweltsünden-Stopp."

Ich glaube: „Alle Menschen sind gleich.
Wir sind alle Schwestern und Brüder,
Arbeiter, Oligarch oder Scheich.
Nur der Herrgott steht noch darüber."

***

Schweinerei
(Quintett)

Herr Eber ist heut schlechter Laune,
seine Familie, die er sich betrachtet:
„Große, kleine, rote, braune,
aber dessen ungeachtet,
werden alle mal geschlachtet."

Klar, dass er so missgestimmt,
wenn er in sich geht und denkt,
dass all seine Kinder Ferkel sind;
und davon ist er reich beschenkt,
sehr beschämt, den Blick er senkt.

Und dann denkt er an seine Frau,
die ihm die Ferkelei gebar,
er hatte geliebt ihren Körperbau,
doch war sie eine Sau ganz klar,
was für ihn beschämend war.

Und alle die Verwandten,
Große und auch Kleine,
die sich gegenseitig gar nicht kannten,
gehören zum gleichen Vereine:
„Sie sind alle Schweine."

* * *

Wie find ich einen Mann

Das Fröscheküssen hab' ich satt,
wo's überall so viel Frösche hat.
Frösche küss' ich niemals mehr,
ein Menschenprinz muss her!

Den küsse ich dann hinterher,
doch ich will keinen Irgendwer.
Dem sag' ich in der Tat:
„Du hast leider kein Format."

Dann such' ich wieder in den Binsen,
nach meinem Frösche-Prinzen.
Im Fröscheküssen hab' ich alle durch.
Jetzt probier' ich's mit 'nem Lurch.

Als ich ihn wollte küssen,
hat er mir in die Lippe gebissen.
So nehm' ich das halt hin,
bis ich eine alte Jungfer bin.

* * *

Nur so'n Zettel

Mama schickte mich zum Einkauf.
Schrieb alles auf einen Zettel drauf.
Ich, war mit Tasche stolz auf dem Weg,
durfte nicht vergessen den Kaufbeleg.
Und dann im Laden, wo man alles haben kann,
wusste ich nicht was kaufen, aber dann:

Dann musste ich nur den Zettel aus der Tasche zieh'n.
Erkannte auch zugleich, es geht nicht ohne ihn.
Dieser Zettel in der Tasche war die Rettung dann für mich,
dieser Zettel ließ mich nicht im Stich.

In der Schule war ich Durchschnitt,
besonders bei Herrn Lehrer Schmitt.
Heute Mathe-Klausur und ich hatte keine Ahnung,
sie entsprach auch nicht der heutigen Planung;
Schweißperlen auf der Stirn, mein Puls auf 110,
mir wurde übel, da musste was gescheh'n:

Dann musste ich nur den Zettel aus der Tasche zieh'n,
ich wusste ganz genau, es geht nicht ohne ihn,
Dieser Zettel in der Tasche konnte die Rettung für mich sein,
dieser Zettel der ließ mich nie allein.

Nach dem Essen einer dicken Bulette
musste ich dringend auf die Toilette,
der Druck, den ich verspürte, war ungemein,
ich träumte vor mich hin: „Was kann schöner sein?"
Doch was Wichtiges hatte ich aber übersehen,
die Papierrolle war leer, jetzt musste was geschehen:

Und wieder musste ich den Zettel aus der Tasche zieh'n
denn ich wusste sofort, es geht nicht ohne ihn,
dieser Zettel in der Tasche, war für die Rettung viel zu klein,
da half nur Hose hoch und ganz schnell, unauffällig heim.

***

Bienensterben

Das ist ein weltweites Thema
und es passiert nach vielerlei Schema.
Die Wissenschaft ist sich nicht einig,
viele Erklärungen fadenscheinig.

Es hängt zusammen mit vielen Faktoren,
das sagen einig, die Biologie-Doktoren.
„Faktoren-Zusammenspiel",
das hört man überall und viel.

Die moderne Landwirtschaft ist schuld,
so werden wir immer noch eingelullt.
Bienen können sich nicht vielseitig ernähren,
sie brauchen Blüten, Obst und Beeren.

Gärten ohne Blumen bieten keine Nahrung,
sagt jeder Gärtner mit seiner Erfahrung.
Und noch was, das die Bienen hart trifft,
wir versprühen viel zu viel Gift.

Bienenfeinde sind hier die Pestizide,
sie lassen den Bienen nicht ihren Frieden,
sie zerstören den Orientierungssinn,
und die Biene weiß nicht mehr, wohin.

Dann noch zu nennen, der Wandel im Klima!
Extreme Wetter finden Bienen nicht prima.
Das zehrt an ihnen, viel zu viel
und feindliche Milben erreichen ihr Ziel.

Wenn uns mal gehen, die Bienen aus,
schlimme Folgen entsteh'n dann daraus.
Einstein sagte vor langer Zeit:
„Nach den Bienen ist der Mensch dann so weit."

Die Folgen kann man in China schon sehen,
wo Obstbauern zur Handbestäubung übergehen.
Das sind überall der Bienen Jobs,
wird nicht bestäubt, dann gibt's kein Obst.

Die Handbestäubung ist unbeliebt,
aber was tun, wenn's keine Bienen mehr gibt.
Du kletterst auf deinen Kirschenbaum,
sehr viele Blüten erreichst du kaum.

Einige erreichst du und freust dich drauf,
du freust dich auf einen Kirschenauflauf,
doch die Spatzen waren schneller, essen sich satt,
du hast Hunger, weil's keine Bienen mehr hat.

***

Der alte Mann im Park
(Ballade, Reimart des Limericks, aabba)

Ich ging im Frühling mal spazieren
und ich musste nicht mehr frieren.
Die Sonne meinte es heute gut,
drum zog ich etwas tiefer meinen Hut.
Vögel hörte ich jubilieren.

Bald sah ich die Vögel fliegen,
musste meine Neugier besiegen,
flogen alle in eine Richtung,
hin zu einer schmalen Lichtung.
Dort saß ein alter Mann, verschwiegen.

Im alten Mantel, hoch zum Kinn,
hielt er den Vögeln Brotkrümel hin
und er sprach mit ihnen ganz leise:
„Singt, Vöglein, singt mir eine Weise."
Und sie fliegen singend her und hin.

Es geschah während der Corona-Tage
und ich stellte dem Mann die Frage:
„Hast du kein Heim, warum sitzt du hier?"
„Daheim bin ich allein mit mir."
Das ist seit Corona seine Lage.

„Seit ich mit den Vögeln spreche,
sitzend hier unter einer Esche
fühle ich mich nicht mehr so allein
und einsam und verlassen wie daheim."
Wo er sich nur den Kopf zerbreche.

„Junger Mann, ich bin am Ende,
habe nur eine kleine Rente,
die reicht mir gerade knapp zum Leben,
da kann ich den Rest den Vögeln geben."
Sie setzen sich auf seine Hände.

„Ich habe hier jemand, zu dem ich sprech',
bevor ich zu Hause mir das Herze brech'
sie hören mir zu und singen für mich
und ich decke ihnen den Brotkrumen-Tisch."
Die Vögel danken es, munter und frech.

„Alte Wunden tun immer noch weh,
wenn ich auch die Narben nicht seh'.
Jemand habe herausgefunden,
die Zeit heile alle Wunden."
Stimmt nicht, er spürt sie in jedem Zeh.

„Was geschehen ist, ist geschehen,
Corona wird bald wieder gehen.
Vielleicht nimmt sie mich mit
auf meinem letzten Schritt."
Wie sollt' ein junger Mensch das verstehen.

„Gehen Sie weiter und leben sie!
Leben sie heute, intensiv wie noch nie,
denn gestern ist schon vorbei,
wer weiß schon, was morgen noch sei."
Wer lebt und liebt, ist ein Genie.

„Ich auf meiner Bank,
ich bin so lange schon krank.
Meine Kinder sind irgendwo,
ich hier, einsam, im Nirgendwo."
Ich werde bald gehen: „Gott habe Dank."

„Ich habe Fehler gemacht, hab' gestrebt.
Habe häufig innerlich gebebt,
doch, was bereuen muss ich nicht,
auch nicht vor dem jüngsten Gericht.
Spuren bleiben, denn ich habe gelebt."

Sehr nachdenklich ging ich jetzt weiter
und ich war gar nicht mehr so heiter.
Fühlte mich wie ein armer Tropf;
seine Worte gingen mir nicht aus dem Kopf:
„Bin ich denn im Alter erst gescheiter?"

Die Fragen, die ich mir stelle,
brennen quälend in meiner Seele:
„Gibt es für Arme denn kein Pflegeheim,
wo sich der Alte fühlen könnt' wie daheim?"
Der Staat muss mehr tun für solche Fälle.

„Jeder Unternehmer bekommt Corona-Rabatt!'
Was bekommt der alte Mann, der nichts hat?"
Und, bei dem nächsten Gedanken wurde ich rot:
„Unvorstellbar, der alte Mann wartet dort auf den Tod!"
Ist hier unser Wohlstands-Staat Schachmatt?

***

Nebelwanderung

Eine solche Wanderung ist bizarr.
Siehst weder Busch noch Baum,
alles grau und starr,
siehst die Hand vor Augen kaum.

Du bist allein,
und selbst auch unsichtbar,
stolperst über einen Stein,
sonderbar.

Du lebtest im Licht,
doch wenn der Nebel fällt,
nutzen deine Augen nicht,
ist dunkel deine Welt.

Als hier noch Licht war,
du fühltest mit den Augen
und Vögel waren noch sichtbar,
das ist kaum zu glauben.

Kein Baum winkt dem andern,
wundersam und befremdlich.
Originelles Nebelwandern:
„Grotesk und merkwürdig für dich."

Du siehst nur ein Stück vom Weg.
Rundherum feuchte Kühle,
kannst nicht sehen drüben den Steg,
hängst im Dschungel deiner Gefühle.

Fühlst in unglaublicher Stille
erstmals das Einsamsein.
Erkennst mit der Nebelbrille:
„Hier ist jeder allein!"

* * *

Wer bist du?

Wer bist du,
dass du mir meinen Kopf nimmst,
mir den Verstand blockierst,
das Herz mir aus der Brust reißt
und mir meinen Magen verstimmst?

Wer bist du,
dass du mir den Schlaf stiehlst,
mir den Blick trübst für die Realität?
Mich zum Tagträumer machst
und zum Sklaven nie gekannter Gefühle?

Wer bist du,
der mir mein Leben so verändert,
mir seelischen Schmerz bereitet?
Der mich total verwirrt
und mir meine ganze Energie absaugt.

Wer bist du,
der mich aus der Bahn wirft,
wie ein Spielzeug, das ausgedient hat?
Der du mich zum Bettler machst
und zugleich zum König?

Sag', wer bist du?

***

Regeln

Unser Leben besteht aus vielen Regeln.
Ich hab' mich immer daran gehalten.
Beim Fußball, im Beruf, beim Segeln,
ich hätte so manche besser mal gespalten.

Sie sind von anderen Menschen aufgestellt,
warum sollte ich ihnen folgen?
Diese machen ja doch, was ihnen gefällt;
nicht das, was sie durch ihre Regeln wollten.

Prinzipiell gegen Regeln verstoßen,
das meine ich nicht damit,
das wäre unsinnig und ginge in die Hosen,
sich zu widersetzen bei jedem Schritt.

Das Leben, das ich will führen,
hat für mich so manche Option,
bin bereit, die ein oder andere zu akzeptieren,
verspüre dann Stolz und keinen Hohn.

***

Entscheidungen

Habe ich Hunger oder Durst,
treffe ich eine Entscheidung.
Bevor du, mein Magen, laut knurrst,
gibt es nur eine Lösung.

Ständig muss ich entscheiden
und das ist mitunter schwer;
ist es auf keinen Fall zu vermeiden
wäre ich lieber ein Deserteur.

Viele Entscheidungen in meinem Leben,
ob bei Tage oder bei Nacht,
haben mit der Zeit ergeben:
„Bis hierher hab ich's gebracht."

Jede Entscheidung verlangt meinen Mut,
Angst vor dem Neuen spielt eine Rolle.
Möglichkeiten, eine ganze Flut,
aber leider nur eine geistvolle.

Muss ich für die Gegenwart entscheiden,
für die Zukunft wiederum auch:
„Im Jetzt kann ich Fehler eher vermeiden
für die Zukunft ich viel Weitsicht brauch."

Ich brauche Selbstwert und Glaube,
keinen Reichtum und kein Geld,
drehe nur an meines Lebens Schraube
nur so verändert man die Welt.

***

Heimweh

In einem Dorf, in einem kleinen,
saß er an einem riesigen Tisch.
Er war traurig, könnt man meinen,
saß da, schweigsam wie ein Fisch.

Er schaut' in ein Fenster, gegenüber.
Es schien verriegelt, öffnete sich nicht.
Das sah er öfter, so, tagsüber
und was er sah, war sein Gesicht.

Der Tisch war groß, Stühle rundum.
Er saß hier an jedem Tage,
ganz allein, traurig und stumm.
Er stellte sich nur eine Frage
und die hieß: „Warum?"

Menschen gingen vorüber,
keiner kannte ihn.
Er wäre zu Hause, viel lieber,
am kleinen Tisch bei seiner Jasmin.

Warum er hier war, hier an diesem Platz,
das war ihm nicht mehr bekannt;
er wollte heim zu seinem Schatz,
weg, aus diesem fremden Land.

Wo man Freunde hat, ist man zu Haus',
das fiel ihm jetzt erst wieder ein.
Richtung Heimat wollte er und nur hier raus!
In der Not schien er erfinderisch zu sein.

Das Heimweh hatte ihn gepackt.
Ein Blick aus dem Zugfenster sagte ihm:
„Das ist der Heimweg, ganz exakt."
Bald wieder daheim bei meiner Jasmin.

* * *

Alles hat seine Zeit

Wir durften sie uns leihen,
vergeuden sollten wir sie nicht,
das wäre nicht zu verzeihen
am höchsten Gericht.

Der abendrote Horizont, dort weit,
bemächtigt sich meiner Sinne.
Jetzt ist die Zeit,
die nicht ich bestimme.

Alles hat seine Zeit,
die dürfen wir uns nehmen.
Es kann sein, im Leid,
mag sein, dass Zeit ist, sich zu schämen.

Im Himmel wird die Zeit gemacht,
festgelegt in Nächten oder Tagen.
Ruhe und danke jede Nacht,
ohne danach zu fragen.

Gib geliehene Zeit zurück,
so wie ein gutes Buch,
nutze die Zeit nur Stück für Stück
pünktlich und ohne Fluch.

Zeit festzuhalten
ist nicht möglich.
Alles hat seine Zeit,
Tagtäglich.

Nahmst Abschied von der Zeit,
schwebst du im leeren Raum.
Dann sei aber auch bereit,
zu übertreten den unsichtbaren Zaun.

Es gab die Zeit für dein Erwachen,
dabei auch gleich die Zeit zum Gehen.
Was Menschen aus ihrer Zeit dann machen,
kann der Schöpfer oft nicht verstehen.

Vergeude in der Jugend keine Zeit,
du brauchst sie noch im Alter.
Sie flattert dir weg, ganz weit,
wie ein bunter Falter.

Zeit ist keine Ewigkeit,
sie hat einen festen Rahmen.
Denke daran, mit Sicherheit,
kommt am Schluss das Amen.

Heute spät,
ist schon beinah Morgen,
in den Wolken steht:
„Zeit gibt's nicht zu borgen."

***

Thema verfehlt

Ein Pärchen ging im Wald seines Weges,
durch Arvenduft im Arvenwald.
Sie gehen in der Mitte des Steges
und waren zusammen 80 Jahre alt.

Er sprach von Eishockey: „Ein harter Sport."
Sie sagte, das sei doch nicht so wichtig,
und er redete in einem fort.
Dann fand er das Thema Politik als richtig.

Sie war stumm, er suchte nach Themen,
nannte Theater, Oper, Kriminalität und Mord.
Sie schaute zu Boden, als würd' sie sich schämen;
und er redete und redete immerfort.

Dann fragte er sie recht ungalant,
im Wald, an diesem stillen Ort:
„Wie viel Männer hast du vor mir gekannt?"
Darauf sagte sie kein einziges Wort.

Jetzt wurde ihm peinlich, diese Frage,
sie würde gleich mit ihm grollen!
Er war in einer sehr peinlichen Lage,
sah es ihr an, sie war am Schmollen.

Minuten vergingen an diesem stillen Ort.
Er fragte nochmal: „Nun sag' es doch!
Sag' es mir gleich und bitte sofort."
Ihre Antwort war kurz:
„Lass' mir doch Zeit, ich zähle noch!"

***

Mensch, wach auf

Die Entstehung der Erde,
ein Feuerball, überall Hitzherde.
Irgendwann gab es Atmosphäre
und Wasser für Flüsse und für Meere.

3,5 Milliarden Jahre zurückgeschaut,
da war uns die Erde noch nicht vertraut.
Geht man 6 Millionen Jahre zurück, mal eben,
da begann auf der Erde menschliches Leben.

Der Mensch überwand in Millionen Jahren,
flexibel alle Naturgefahren.
Als auch der Neandertaler ausstarb,
Homo Sapiens das Recht auf die Erde erwarb.

Der Frühmensch wurde er genannt.
Bei Klimaänderungen er Lösungen fand,
die Umwelteinflüsse konnte er hassen,
sich ihnen aber immer wieder anpassen.

Klimawechsel hinterließen Spuren,
Eis- und Trockenzeiten, die Naturen.
Es war immer schwer, das Überleben,
doch wir Menschen schafften es eben.

Wir schafften es bis heutzutage.
Doch wieder stellen wir uns die Frage:
„Steht uns eine Trockenzeit bevor,
wo im Winter der See nicht zufror?"

Kürzere Regenperioden im Jahr.
Der Schnee im Winter sehr rar.
Die Wärmegrade am Steigen,
das ist der Erde seit Urzeit eigen.

Seit es uns gibt, hat die Natur bestimmt.
Seit Langem der Mensch das Recht sich nimmt,
sich zu machen die Erde untertan,
zerstört und beutet sie aus ohne Scham.

Forciert ungeniert die Gletscherschmelze,
rottet Tiere aus wegen der Pelze,
zerstört die Ozonschicht, rücksichtslos
und schüttet Müll in der Erde Schoß.

Wie geht das weiter, stelle ich die Fragen:
Wie lange kann die Erde das noch ertragen?
Wie lange haben wir noch Wasser genug?
Wie lange leben wir noch in dem Selbstbetrug?

In Südeuropa wird das Wasser knapp.
Aus den Bergen fließt zu wenig herab,
die Bergseen werden immer kleiner,
um Wasser zu sparen, kümmert sich keiner.

So langsam wird die Menschheit wach.
Wir spüren langsam das Wehe und Ach.
Viele Flüsse sind vergiftet,
viele Sünden sind noch nicht gelüftet.

Homo Sapiens, Mensch, wach auf!
Unsere Erde hat einen schlechten Lauf!
Wenn wir weiter so tief sinken,
gibt es kein Wasser mehr zum Trinken.

* * *

Selbständigkeit

Hast du dir deine Eltern ausgesucht?
Nein, das konntest du nicht!
Dann bist du erwachsen genug
und es geht auf, dir, ein helles Licht.

Aus der Obhut der Eltern entfernst du dich bald,
willst dein eigenes Leben gestalten.
Du suchst nach einem neuen Halt,
willst dich frei entfalten.

Wo und mit wem willst du zusammen sein?
Das weißt du bald ganz genau!
Viele Freunde stellen sich ein,
und dann noch vielleicht, die richtige Frau.

Nun hast du dein Umfeld, das du liebst,
das hast du dir erworben,
jeder für jeden alles gibt,
viel Freude, manchmal auch Sorgen.

***

Limerick

Ein Limerick ist ein kurzes, in aller Regel scherzhaftes Gedicht in fünf Zeilen mit dem Reimschema aabba.

Hier zwei Beispiele für dich:

Limerick
(Wasser im Bach)

Das Wasser im Bach hat niemals Ruh', – A
es wandert weiter immerzu. – A
Immerzu dem Tal entgegen, – B
muss es sich bewegen. – B
Ernährt das Gras und tränkt die Kuh. – A

***

Limerick
(Lügen)

Es war mal ein Mann in Kloten,
der konnte lügen nach Noten.
Einmal hatte er eine Lüge vergessen,
deswegen schnell im Gefängnis gesessen.
Jetz kennt er das 8. von den Geboten.

***

Lieber Leser, liebe Leserin,
auch dieses kleine Gedicht nach einem festen Reimschema sollten sie mal ausprobieren. Es könnte Ihnen Spaß machen.

Herzschmerz

Warum weinen?
Immer sehnen?
Mit viel Tränen,
sich einsam wähnen?
Schau die Ferne,
lauter Himmel,
zähl' die Sterne.
Milde Lüfte,
leise Winde,
liebliche Düfte
von Baumesrinde.
Weg der Schmerz
und weg das Sehnen,
auch die Tränen,
zu erwähnen!
Hab' Freude im Herz.

***

Was ist mit mir?

Was ist nur los in unsrer Welt,
in dieser Wohlstandszeit,
ist es die Aufklärung, das Geld,
dass alles sich entzweit?

Soziologen behaupten doch:
„Der Mensch lebe nicht gern allein!"
Mir scheint, zu zweit, das Ehejoch,
ein größeres Problem zu sein.

Überall nur Scheidungssünder,
getrennt durch Scheidungsanwalts-Knüppel.
Ist das das Los der Wohlstandskinder,
zu werden alle „Ehekrüppel"?

Um mich herum ein Sündenpfuhl,
fast jeder geschieden, so ein Mist,
hier und da wackelt stark der Ehestuhl,
ich hoffe nur, dass das nicht ansteckend ist.

Was ist mit mir, frag' ich mich jetzt erschrocken?
Spür' ich vielleicht schon Frust?
Qualmen mir etwa auch schon die Ehesocken?
Ist heute Frust, wo früher Lust?

Ich muss erkennen, verdammt nochmal,
ich bin in einer Krise.
Wir reden nicht mehr, das ist fatal;
zwischen uns entstehen Risse.

Ich will nicht so, wie andre Leut'
schon bald geschieden sein;
drum rede ich mit ihr, noch heut',
damit die Luft wird wieder rein.

* * *

Schneeglöckchen

Schneeglöckchen im Garten
zeigt seine Spitzen,
kann nicht mehr warten,
drängt durch Bodenritzen.

Wächst Tag für Tag,
bald das Weißröckchen zeigt,
das über die Erde ragt.
Es steht da, leicht geneigt.

Ein Windhauch
leise singt,
Glöckchen wacht auf
und klingt.

***

Trockenheit
(Eine Satire?)

Wenn die Brunnen nicht mehr fließen,
verboten ist das Gartengießen,
die Autowäsche, nur ohne Wasser,
dann wird die Trockenheit noch krasser.

Wenn die Nachtigall nicht mehr singt,
der Tankwagen uns Wasser bringt,
wenn nichts mehr kommt aus dem Wasserhahn,
dann brauchen wir einen Notfallplan.

Füchse und Hasen gehen auf Wanderschaft.
Der Opa seine letzte Pfeife pafft,
ausgetrocknete Seen, welch Depression
und wir gründen eine Sonderkommission.

Wenn überall Feuer brennen im Wald,
dann ist das nicht, weil uns so kalt.
Wenn auswandern alle unsere Tiere,
dann liegt das nicht an dieser Satire.

Wenn du liegst in deinem Pool,
ab heute stets ohne Wasser,
du jammerst laut in deiner Not,
und dann kommt auch noch Zahnputzverbot.

Auch das Manneken Piss in Brüssel
pinkelt nicht mehr in die Schüssel.
Man liest auf einem großen Schild,
dass das als Wasser-Verschwendung gilt.

Nichts gibt's mehr zu naschen,
Wasserration bekommst du in Flaschen.
Dann denkst du erst, und das ist hart:
„Hätt' ich doch früher schon mal mit Wasser gespart!"

* * *

Corona, hau' ab

Corona, hau' endlich ab!
Du stinkst mir schon lange.
Ich hab' dich satt,
denn vor dir ist mir bange.

Hau' ab, wo du herkamst,
verdufte schnell,
seit du unser Leben umkramst
ist nichts mehr an alter Stell.

Hau' ab, du Virus oder Covid,
oder sonst, wie du heißt,
wir kämpfen Goliath gegen David,
wären vorher gerne mal verreist.

Hau' ab, du Todesengel unsichtbar,
wir brauchen dich hier nicht.
Ohne dich war's wunderbar,
noch haben wir dich nicht erwischt.

Die Engel im Himmel spielen die Harfen,
singen: „Bald ist's mit dir aus!"
Demnächst werden wir dich entlarven
und machen dir den Garaus.

Hau' ab, so lange es noch geht
wir sind dir auf der Spur,
noch ist es nicht zu spät,
bald bist du noch ein Name, nur.

Keiner weint dir nach.
Wir haben lange dich bekriegt,
du brachtest uns viel Schmach
Jedoch:
„Wir haben dich besiegt!"

***

Die Angst ist vorbei

So, Coronateufel, jetzt haben wir dich am Kragen.
Jetzt zählen wir deine letzten Tage.
Denn wir haben Impfstoffe in fast jedem Land,
haben deine ansteckende Struktur genau erkannt.
Du wirst uns nicht mehr lange plagen.

Du sollst unsere ganze Härte spüren,
da hilft dir auch kein ständiges Mutieren.
Wir impfen unsere Menschen nach gutem Plan:
Erst die Hilfskräfte und dann sind die Alten dran.
Du siehst, du wirst verlieren.

Weltweit 8 Milliarden Menschen werden geimpft ohne Verdruss,
viele warten noch drauf, auf den „Goldenen Schuss",
wenn wir dann die „Herdenimmunität" erreichen,
dann musst du zwangsläufig weichen.
Im Laufe des Jahres ist mit dir Schluss!

Bis heute 2,5 Millionen Tote, das ist genug!
Wir Menschen lernen schnell, sind schlau und klug.
Wir werden gewinnen, gegen dich, den Kampf,
die Impfstoff-Hersteller stehen voll unter Dampf,
und produzieren Impfstoffe mehr als genug.

Am 13.2. habe ich meine 1. Impfung bekommen,
das hat mir schon etwas Angst genommen.
Vorsichtig werde ich aber weiterhin bleiben.
Erst die 2. Impfung wird mir meine Angst vertreiben.

Die ganze Menschheit hat Angst vor Krebs, schon immer.
Die Angst vor dir, war für mich aber schlimmer.
Bis 2021 hast du Angst und Schrecken gesät,
ab 2022 genießen wir alle Immunität.
Wir leben und arbeiten, Quarantäne gibt's nimmer.

***

Corona-Gedicht aus der Schüler Sicht

Maske tragen ist lang nicht mehr cool,
seit Monaten, Wochen und Tagen ist geschlossen die Schul'.

Wir sitzen zu Hause und sollen lerne'.
Es gibt keine Pause und für Fleiß keine Sterne.

Papa sitzt im Home Office, ist am Telefoniere'
und Oma bringt ihm schimpfend zwei Biere.

Mama ist Hausfrau und auch noch daheim.
Für den Super-GAU ist die Wohnung zu klein.

Das ist ein Chaos, Herr Bundesrat.(Schweiz)
Schreiten sie endlich mal zur Tat.

Wir können die Welt nicht mehr verstehen,
möchten gerne wieder zur Schule gehen.

Gib uns unsere Lehrer aus der Quarantäne zurück,
um die Prüfung zu bestehen, reicht kein Glück.

In allen Fächern, da fehlt's uns an Wissen.
Herr Bundesrat, wir fühl'n uns beschissen.

Zu Haus zu lernen war keine gute Idee.
Besprechen sie nochmal mit ihrem Premier.

Stoßen sie diese Fehlentscheidung endlich mal um:
„Wir woll'n in die Schule, sonst sterben wir dumm!"

* * *

Fitness
(Kleine Morgengymnastik)

Am Morgen werde ich wach,
trainiere 5 Minuten meine Augenlider,
massiere meinen Bauch, ganz flach,
atme tief ein und aus, immer wieder.
Fühle mich noch relativ schwach.

Streiche flach, meine Falten im Gesicht.
Wende mich dem Fenster entgegen,
genieße das erste Sonnenlicht
und werfe die Decke nach vorne, verwegen.
Ein schöner Morgen ist in Sicht.

Mein linkes Bein verlässt zuerst das Bett,
das rechte hänge ich daneben.
Mein Rücken fühlt sich an wie ein Brett,
doch ich muss ihn erheben.
Tanze dann ein kurzes Bären-Ballett.

Ich verbeuge mich vor dem Kleiderschrank,
fühle frisch, meine Seele.
Eine Kniebeuge schaffe ich leicht und galant,
ein Stöhnen kommt aus meiner Kehle.
Training für meiner Stimme Band.

Leichtfüßig springe ich über meinen Schatten,
stütze meine Hände auf das Bett,
springe über die Bettvorlegematten
und lande im Bad, adrett
und Rutsche aus auf den Bodenplatten.

Ich putze alle Zähne, in meinem Mund,
erst mit der rechten, dann linken Hand.
So halte ich meinen Bizeps gesund,
obwohl ich auf einem Bein nur stand.
Ich lache laut und fühl' mich gesund.

Die Dusche mir jetzt den Schweiß abspült.
Meine Morgengymnastik war heut' wieder hart.
Kaltes Wasser mich etwas runterkühlt,
das war wieder ein guter Tagesstart.
Noch nie habe ich so fit mich gefühlt.

* * *

Seelenleben

Und wieder ist es heute passiert.
Du hast eine Niederlage kassiert.
Jemand hat dich schlecht gestimmt,
indem er sich danebenbenimmt.

Nicht alle sind freundlich und nett,
schon hast du wieder dein Fett;
lass' dich davon nicht runterziehen,
versuch, dieser Un-Stimmung zu entfliehen.

Dein tiefstes Seelenleben ist gestört,
lass' das nicht zu, das wäre verkehrt.
Umgebe dich mit freundlichen Leuten,
gestern, morgen und besonders heute.

***

Versetzt

Einsam irrt sie durch die Gassen,
er wollt' sich doch mal sehen lassen.
Dunkelheit ringsum,
bringt sie fast um.

„Warum hat er mich versetzt?"
Fragt sie sich entsetzt.
„Weil er nicht kam,
hab' ich Gram."

„Was soll ich so allein,
so schnell finde ich doch kein'n!"
Wo mag er sein?
Ich bin allein!

Ein Gedanke: „Ich gebe auf,
ich gehe ins Wasser und ersauf',
denn hier ist ja der Rhein!"
Dreckiges Wasser, geh' nicht hinein.

„Nicht mal das ist mir vergönnt,
nun ich nach Hause gehen könnt!"
Doch daheim,
kann' ich nicht rein.

Meine Eltern schlafen schon
und wir haben kein Telefon.
Nass ist mein Gesicht,
doch vom Regen nicht.

Meine Augen brennen.
„Warum bringt er mich so zum Flennen
Er muss versteh'n,
ich will ihn nie mehr wiederseh'n."

* * *

Haustiere
(Katze, Hund und Maus)

Woher kommt in unserer Welt,
die Vorliebe für Katzen?
Weil eine Katze nicht bellt,
jedoch kann sie dich kratzen.

Sie sollte doch lieber Mäuse jagen
und der Hund jagt die Katze,
doch er holt sie nicht ein seit Tagen
und macht 'ne blöde Fratze.

Gewinnerin ist die Maus,
sie hat ein Stück Käse zum futtern.
Sie streckt der Katze die Zunge raus.
Und bleibt schön im Mauseloch bei Muttern.

* * *

Weg zum Erfolg

Bist du voller Neid gewesen
weil ein anderer erfolgreich ist
dann musst du das jetzt lesen
das hier folgende Gedicht.

Vielleicht war es der Grund
für deine Misserfolge,
dir fehlte die Idee und
du lebtest unter dunkler Wolke.

Erfolg für dich, das wäre gut.
Lass' dich von anderen inspirieren,
spring auf, auf diesen Zug.
Lass' dich von seinem Erfolg verführen.

***

Charlie Chaplin

Im Park von Charlie Chaplin stehen riesige Bäume.
Sie sind 100 Jahre alt und noch mehr.
Das brachte mich ins Träumen
und wunderte mich doch sehr.

Diese Riesen redeten mir ein,
sie hatten diese Gaben:
„Ich sei unter ihnen so winzig klein",
sollte ich auch Größe haben.

Charlie Chaplin maß nur 1,65 Meter.
Er war kleiner als manch ein jeder,
trotzdem war er der Größten einer!
Viele Menschen sind größer, obwohl sie kleiner.

***

Naturmensch

Die ersten Menschen auf der Erde
waren eins mit der Natur,
sie schätzten alle diese Werte,
das beweist früheste Literatur.

Sie brauchten kein Umweltschutzgesetz.
Sie jagten nicht aus Lust.
Nur wegen Hunger jagten sie mit Speer und Netz
der Respekt vor den Tieren war ihnen bewusst.

So manches Tier sie verehrten,
das hätten sie nie gejagt.
Sie schützten ihre Herden,
haben nie über Hunger geklagt.

Die Tiere waren ihnen heilig,
in einer gewissen Seelenverbindung,
dass sie leben wollten, war verzeihlich,
das bedurfte keiner Erfindung.

Vom Fleisch wurden sie satt,
das Fell gab ihnen die Wärme,
die man mit bloßer Haut nicht hat,
bauten Bogen mit Sehnen und Gedärmen.

Als der Mensch seine Überlegenheit erkannte,
bestimmte er bald über Leben und Tod.
Die Tiere er minderwertige Geschöpfe nannte,
teilte nicht mehr mit ihnen Futter und Brot.

Er begann Wälder zu vernichten,
nahm den Tieren den natürlichen Schutz,
begann Felder und Häuser zu errichten,
total zu seinem Eigennutz.

So ging das Gleichgewicht verloren,
zwischen Menschen, Tieren und Pflanzen.
Die Notwendigkeit „Umweltschutz" war geboren,
es kam zu den ersten Vakanzen.

* * *

Waldluft

Ich schlendere im Wald so vor mich hin,
ganz tief in Gedanken.
Du glaubst, das mache wenig Sinn,
dann solltest du mal Waldluft tanken.

Ob morgens, mittags oder spät,
sauge tief die Waldluft ein,
das gibt dir neue Kreativität,
so manche Lösung fällt dir dann ein.

Natur kann dir so vieles geben,
du bist ein Teil von ihr,
musst nicht warten, verzweifelt streben,
denn ihre Weisheit schenkt sie dir.

Wenn dein Schritt in den Wald dich führt,
mit all deinen Lösungsversuchen,
wird so manche Lösung unkompliziert,
du musst es nur einmal versuchen.

***

Finkenhahn
(Haufenreim)

Es war einmal ein Finkenhahn,
hat jährlich seine Pflicht getan,
war immer noch voller Elan
und ernährte sich streng vegan.

Dann kam es mit den Jahren,
er wollte sich nicht mehr paaren.
Flog lieber mit den Scharen
zu den Balearen.

Mit all seinen Leistungsprämien
musste er sich gar nicht schämien.
Der Beste unter allen Hähnen,
das sollte man noch erwähnen.

Er hat die Jungen dann gebeten,
ihn bei den Hennen zu vertreten.
Sie versprachen ihm, dass sie es täten,
auf dem Land und in den Städten.

Bei all den Hennen, die er hatte,
gab es niemals eine Debatte.
Aber eine alternde Fregatte
stieß den jungen Hahn vom Blatte.

Dem Alten war dann sonnenklar,
dass er der Beste unter den Sternen war.
Auf der Insel Lanzarote
kam er dann zu Tode.

***

Weg und Ziel

Von dem Spruch: „Der Weg ist das Ziel"
halte ich nicht viel.
Was willst du mit dem schönsten Weg?
Mensch sei schlau und überleg.

„Neue Wege will ich gehen",
den Satz muss man auch erst mal verstehen.
Will ich etwas sehen, was ich noch niemals sah,
dann muss ich auch mal umkehren fürwahr.

Wenn ich ein Ziel habe, dann kommt das „WIE"!
Es zu erreichen kostet Energie.
Das Eintreffen am Ziel wäre mein Lohn.
Man sagt auch: „Viele Wege führen nach Rom."

Hier zeige ich euch den Beweis,
ohne Ziel man keinen Berggipfel erreicht,
Du planst deinen Urlaub und weißt wohin,
dann macht deine Wegplanung wirklich erst Sinn.

„Irgendwie komme ich hin",
geht es dir durch den Sinn.
Willst dann in den Urlaub starten,
stehst du am Bahnhof, um auf ein Schiff zu warten.

***

Probleme

Jeder hat seine Vergangenheit,
du hast deine, vielleicht mit viel Leid,
lass es nicht in die Gegenwart, hab' Vernunft,
und schon gar nicht mit in deine Zukunft.

Ja, du hast es wieder getan,
deine Negation kommt im Heute an,
treibe sie ins Vergangene zurück!
Das musst du lernen, Stück für Stück.

Hole aus der Vergangenheit nur deine Freude.
Dann hast du Freude auch heute.
Lasse keine Probleme in dir wohnen,
genau genommen sind es nur Situationen.

Situationen sind zum Lösen da.
Glaube es mir, denn es ist wahr.
Die Erfahrung lehrt dies schon lange Zeit,
dass dann deine Lebensqualität auch steigt.

***

Ehestreit im Hühnerhof

Zur Osterzeit findet eine Hühnerdame,
ich glaube, Auguste war ihr Name,
drei Eier, herrlich groß und bunt,
wogen zusammen bestimmt 3 Pfund.

Sie sah die Eier unbehütet,
setzt sich drauf und brütet.
Sie hatte Böses nicht im Sinn
und brütet 3 Tage vor sich hin.

Als dann die brütende Auguste,
das Nest mal kurz verlassen musste,
kam ihr stolzer Mann und Hahn
und schrie sie laut und heftig an.

Er raste schreiend auf dem Hühnerhofe
Schrie laut: „Wo ist er, der Ganove?"
Dann fiel bei ihm der Groschen
und er hat den Pfau ganz ordentlich verdroschen.

***

Übung macht Meister

Erfolg ist ein harter Weg.
Er führt über Misserfolge, so viele,
du erlebst so manchen Schreck,
erreichst irgendwann aber deine Ziele.

Schon ein Kleinkind weiß unbewusst genau,
wenn es will laufen lernen.
Es probiert dann immer wieder, schlau,
weil der Erfolg noch in der Ferne.

Probiert immer wieder und fällt hin,
ohne Ausdauer geht es nicht.
Nur weiter probieren macht Sinn,
was nun bald auch den Erfolg verspricht.

* * *

Leid und Lüge

Leid zu verdrängen ist keine Kunst,
du kannst es leicht überspielen,
doch im Ergebnis fehlt die Gunst,
wirklich keines mehr zu fühlen.

Nicht verdrängen, überwinden,
nach der Ursache dann fragen.
So ist Seelenfrieden auch zu finden,
sollst keinem Phantom nachjagen.

Sich vor dem Leid zu verstecken,
das wäre Lüge zu nennen,
auch in den kleinsten Ecken
wird es dich finden und erkennen.

***

Meine Weisheiten

Gefahr für jede Liebe,
das ist die Eifersucht,
zerstört auch kräftigste Triebe,
weil sie im Vergangenen sucht.

Gefährlich für jede Freundschaft,
war stets die Unehrlichkeit,
weil sie Vertrauen dahinrafft,
im Nu ist man entzweit.

Eine Chance für jede Beziehung,
gibt uns die Offenheit;
geht man noch ehrlich damit um,
ist's zur Liebe nicht mehr weit.

Voraussetzung, jemanden zu lieben
ist, dass ich selber mich mag,
so, wie es hier steht geschrieben,
so stimmt es, weil ich es sag'!

* * *

An meine Brille
(Hommage)

Was bin ich froh, dass ich dich habe.
Du nahmst mir fort das Alltagsgrau,
du hast die selten gute Gabe,
zu zeigen mir das Himmelblau.

Durch dich kann ich die Welt ergründen,
tagein, tagaus und überall,
durch dich kann viel ich wiederfinden,
was vorher mir oft nicht gelang.

Hast mich geholt aus Nebelschleiern,
hast farbig mir den Tag erhellt,
ich werd' dich pflegen, stets erneuern,
durch dich mir vieles leichter fällt.

Du liegst mir ständig auf den Ohren,
und jederzeit durchschau' ich dich.
So gehst du mir auch nie verloren,
ich brauch' dich für mein Über-Ich.

Stolz werd' ich dich immer tragen,
und wär' es auch mein letzter Wille,
an guten und an schlechten Tagen,
oh, du ..., du, meine Brille.

***

Abenteuer
(Umarmte Paarreime abbcca)

Alles kann ein Abenteuer sein.
Um ein Abenteuer zu erleben
musst du nicht ins Ausland streben.
Dein Leben ist kein Zuckerstreuer,
dein Leben ist ein Abenteuer.
Oft stehst du mittendrin mit einem Bein.

In deiner Jugend, unbemerkt,
da hast du alles leichtgenommen,
bist da und da mal mitgeschwommen.
Ein Fehltritt mal ganz ungewiss,
brachte dir reichliche Erkenntnis,
die dich immer mehr hat gestärkt.

Gefühle zum anderen Geschlecht;
mit der Brünetten wolltest du's probieren.
Sie war ganz leicht zu verführen,
doch sie wurde zum Abenteuer,
die Mehrkosten für dich waren ungeheuer,
sie hat dein Budget zu sehr geschwächt.

Dann kam die Frau für's Leben,
Heirat mit Kirche, Musik und Tanz,
mit dem ganzen Hochzeitsglanz.
Eine Ehe aufzubauen,
kostete sehr viel Vertrauen.
Ihr wart bereit und konntet euch das geben.

Dann kam das Altern schnell daher,
mit all seinen Gebrechen.
Ihr musstet viel miteinander sprechen,
Konntet euch oft nicht mehr verstehen,
euer Zusammenhalt ließ keinen gehen.
Wieso, weiß man erst hinterher.

Als Serienabenteuer siehst du alles, jetzt.
Es war ein ständiges Auf und Nieder,
du hast es überstanden, immer wieder.
In jeder Not wart ihr beide ganz stark,
ihr habt es geschafft bis zum 1. Sarg.
Du bliebst zurück, warst sehr entsetzt.

Du hast den Schritt ins Ungewisse getan.
Der erste Schritt, allein, war ungewohnt.
Du machtest ihn vorsichtig, doch mit Elan.
Heute weißt du, er hat sich noch gelohnt.

***

Wille

Heute hast du dir vorgenommen,
dich morgen, immerzu zu erfreuen
und dann ist es auch so gekommen.
Diesen schönen Tag musst du nie bereuen.

Nimm dir vor, das, was du willst erreichen,
gehe so, wie bei der Freude vor.
Lass dich von niemandem erweichen,
versagen kann nur, wer seinen Willen verlor.

***

Die Ohnmacht

Jahre zurück, ein heißer Sommer;
Quecksilber klettert hoch wie nie,
sogar die Bauern, die haben Kummer,
besonders wegen dem durstigen Vieh.

Es war alles ausgetrocknet,
manch Bachbett, manche Kehl',
ein Wassertropfen war schon verlockend,
und hätte seine Wirkung nicht verfehlt.

Schnapser-Schorch, der Tippelbruder,
war gerade in unserem Ort;
vorm „Schwanenwirt" stürzt er hin, der Lud'rer,
bleibt reglos liegen, dort.

Im Nu, Aufregung auf der Straß':
„Da draußen liegt ein toter Mann",
viele Leute kommen gleich angerast,
fangen mit Wiederbelebung an.

„Der arme Kerl, ach Gott, ihr Leut',
ruft schnell doch mal 'nen Mediziner,
das ist die scheußliche Hitze von heut',
schnell kaltes Wasser", ruft Ike, der Berliner.

Das Müller-Kättche, 80 Jahr,
kreischt nach einem Schnaps ganz schnelle,
der Ike sagt: „Du bist nitt klar,
schnell, Notarzt rufen auf der Stelle."

So geht das eine gewisse Zeit,
der Ruf nach Doktor, Wasser, Krankenhaus;
„Der braucht einen Kognak, seid doch gescheit",
das schreit das Müller-Kättche, ohne Paus'.

Auf einmal geht ein Raunen durch die Rund',
der Schnapser-Schorch schaut auf und schreit hellau:
„Jetzt haltet doch alle mal den Mund
und hört sofort auf die alte Frau!"

* * *

Krieg (1)

Krieg beginnt mit „**K**", wie **K**ampf und **K**ummer.
Als dann, mit lautem **K**anonenknall,
die Welt lag in friedlichem Schlummer,
wurde geschossen in tödlichem Intervall.
Menschen sterben im Feuerball.

Das „**R**" steht für **R**aub und Mord.
Hab und Gut wird brutal zerstört.
Plünderungen geschehen hier und dort,
die ganze Welt ist darüber empört,
das Töten ist unmenschlich und unerhört.

Das „**I**" benennt diesen **I**rrsinn,
der dann alltäglich geschieht.
Zivilist wird zum Flüchtling,
der vor Granaten in ein Nachbarland flieht.
Zu Tausenden in Kolonnen sich das vollzieht.

Das Wort mit einem Vokal, dem „**E**",
verheißt **E**lend, **E**insamkeit, **E**xekution.
Unmenschliches geschieht, wer kann versteh'n?
Die Welt schaut zu, der blanke Hohn.
Leid und Weh einer ganzen Nation.

Das „**G**" sagt mir, **G**ott schaut zu, sieht alles.
Warum schreitet er da nicht ein?
Während des ersten Bombenknalles
könnte dann der Krieg beendet sein.
Warum das so ist, weiß er ganz allein.

***

Krieg (2)

Du bist das Schlimmste auf der Erde,
von allem, was es gibt.
Entstehst oft aus einem Krisenherde,
bist grausam und auch ungeliebt.

Zerstörst Dörfer, Städte und Fabriken.
Alles legst du in Trümmern brach.
Menschenkörper zerreißt du zu Stücken.
Über ein Volk bringst du größte Schmach.

Durch grauenvollste Untat
raubst du der Mutter den Sohn,
richtest an manches Blutbad.
Menschenrechte verachtender Hohn.

Den Kindern fehlen die Väter,
du befiehlst sie hinein in die Schlacht
und machst sie zu Übeltätern,
Menschen zu töten, bei Tag und bei Nacht.

Den Frauen nimmst du den geliebten Mann,
den Töchtern den Jugendfreund;
verantwortlich dafür ist ein Tyrann,
der im Größenwahn von Weltherrschaft träumt.

Du bringst in Familien das Unglück,
allgemein und individuell,
du bist der grauenvollste Anblick,
tötest laut, leise und oft besonders schnell.

Du auferstehst leider immer wieder.
Obwohl alle über Frieden sprechen.
Die Welt singt Friedenslieder.
Plötzlich bist du da, DU, das schlimmste Verbrechen.

* * *

Krieg (3)

„Der Krieg ist der Vater aller Dinge."
Das sagte **Heraklit** vor langer Zeit.
Dass der Krieg nur die Besten verschlinge,
das hat später auch **Schiller** gemeint.

„Ein nationales Unglück",
von Moltke schrieb,
sei selbst der siegesreichste Krieg.

Auch **Willy Brandt**,
sagte dazu mit Verstand,
Frieden ist nicht alles, ernsten Gesichts,
aber ohne Frieden ist alles nichts.

John F. Kennedy sagte deutlich und klar,
dem Krieg ein schnelles Ende der Gefahr,
er mahnte schnell zur Wende,
sonst setzt der Krieg der Menschheit ein Ende.

Und trotzdem gibt es immer wieder
Kriege und gefallene Krieger.

***

Auf der Flucht

Müder Blick aus starren Augen,
unbeteiligt, geradeaus,
kann das Geschehene noch nicht glauben,
Bomben, Granaten zerstörten ihr Haus.

Die traurigen Augen fragen:
„Wo ist mein Mann, lebt er noch?
Er kämpft um unser Land seit Tagen,
oder liegt er schon tot in einem Loch?

Wo sind meine Kinder",
fragt sie sich nun entsetzt:
„Sie waren schneller als ich und flinker,
haben sich auf einen fahrenden Wagen gesetzt."

Ein Land im Westen erreichen,
das war unser gemeinsames Ziel.
Die Flucht ging vorbei an vielen Leichen.
Diese waren auch auf der Flucht, alle in Zivil.

Das weckte sie auf, aus ihren Gedanken.
Sie musste weiter, der Rettung entgegen,
sie betete, sich beim Herrgott zu bedanken,
zur Errettung ihrer Kinder erbat sie den Segen.

„Tatjana, bist du das, komm' steige auf",
sagte eine Stimme von hinten her.
Wie in Trance unterbrach sie ihren Lauf:
„Oh, Heiliger Vater, ich danke dir sehr."

Sie sah ihre Kinder, die länger schon hier.
Sie waren an der Sammelstelle
und suchten dort schon nach ihr.
Sie strichen Mutters Namen bei: „Vermisstenfälle".

Umarmungen in überglücklicher Freude,
Weinen und Lachen vereint,
ein Freudentag war das heute.
Minuten, in denen auch im Krieg mal die Sonne scheint.

***

Die Jahreszeiten des Lebens

Ein Menschlein wird geboren.
Welch große Freude im Familien-Clan,
alle sich um den Säugling sorgen,
sie knuddeln und küssen ihn wie im Wahn.

Er wird älter und reifer,
ist fleißig in Arbeit und Beruf,
hilfsbereit mit großem Eifer.
Hat Ehrgeiz, kommt voran und auch in Verruf.

Viele Jahre später wird dieser Mensch ein Greis,
eine Belastung für den Familien-Clan,
sie vergessen, wo er wohnt und wie er heißt.
Die Frage: „Lebt der denn noch?", kommt allemal.

„Ach ja, da war doch mal …,
wir haben ihn lange nicht geseh'n."
Nur ein Arzt, der Pfarrer und Pflegepersonal,
zu dem Dahinsiechenden noch geh'n.

Fazit:
Die Jahreszeiten des Lebens,
im Frühling großes Tamtam,
im Sommer, du mühst dich vergebens
und im Herbst ruft dich keiner mehr an.

Und dann kommt der Winter.
Die Seele erfriert und das Herz wird kalt.
Du bist allein, trotz deiner Kinder,
die fragen nur noch: „Ach, war er schon so alt?"

***

Gemüse

Die Eltern drohten:
„Schokolade verboten!"

Wenn man die Herstellung betrachtet,
sind die Eltern schnell entmachtet.

Der Kakaostrauch liefert die Bohnen,
daraus wird die Schokolade gewonnen.

Bohnen sind Gemüse!
Und nun betrachten wir die Süße.

Die Zuckerrüben liefern den Zucker;
süß für Schokoladeschlucker.

Bei Eltern quillt jetzt die Zornesdrüse,
denn Zuckerrüben sind auch Gemüse.

Eltern reden immer wie besessen:
„Kinder müssen viel Gemüse essen!"

Schokolade ist Gemüse, sonnenklar;
und das schmeckt den Kindern wunderbar.

***

Ding

Ich stand am Rand des Meeres
und sah, da schwamm was Leeres.
Es schwamm da, her und hin
im Meereswasser drin.

Selbst, als es dann stark stürmte
und der Wellen Schaum sich türmte,
da schwamm das Ding
hoch und runter, her und hin.

Es war kein Fisch, das war zu erkennen.
Es war unförmig, konnte es nicht benennen.
Es schwamm hier auf der See,
wie der Schleier einer Fee.

Jetzt kam eine Welle und warf es empor;
dann lag es am Ufer, mein Feendekor.
Am Ufer, da war es nicht allein,
zwischen Unrat und Gestein.

Jetzt konnte ich sehen, du meine Güte;
es war eine hundsgemeine Plastiktüte.
Was Plastik im Meer anbetrifft:
„Das ist für die Meeresbewohner pures Gift!"

***

Unschuld vom Lande

Der Bauer ist allein zu Haus,
die Bäu'rin geht zum Tanze aus.
Die Magd nur, ist zu Haus' geblieben,
das Haus zu schützen vor den Dieben.

Dann beginnt die Kuh zu kalben,
das kommt schon vor, auch in den Alpen.
Der Bauer läuft schnell in den Stall,
die Magd folgt ihm, zu Hilfe jeden Fall.

Gemeinsam bringen sie das Kalb zur Welt,
dem Bauer jetzt die Magd gefällt.
Er spürte was bis zum großen Zeh,
das schöne Kleid mit tiefem Dekolleté.

Das war ihm noch nie aufgefallen,
drum konnte er jetzt nur noch lallen.
Dann stolpert er über das Kalb,
fällt auf die Magd, so halb und halb.

Er konnte wirklich nichts dafür,
doch seine Frau kam durch die Tür.
Als sie die Magd ganz unten sah,
da war ihr alles sonnenklar.

Die Magd wurde entlassen,
die Bäu'rin bittet ihren Mann zur Kasse
man musst' nicht sein ein Philosoph
war klar, der Bauer verlor dann den Hof.

Er war die Unschuld in Person,
doch die Wahrheit brachte ihm nur Hohn.
Ach wäre das mit der Magd doch wirklich geschehen,
dann könnte er das alles viel besser verstehen.

* * *

Sein Freund, der Baum

Dem Waldesrauschen,
dem wollte er heut lauschen.
Neben einer Schmetterlingslarve
setzte er sich unter seine Arve.
Genoss die Ruhe unter dem Baum.

Wie er seinen Weg auch nahm,
bei der Arve kam er meistens an.
Eine Kiefer von ihrer Art,
ihre Stimme so rein und so zart.
Hier vergaß er Zeit und Raum.

Seine ganzen Sorgen lud er hier ab,
war er enttäuscht, müde oder schlapp.
Er sprach zu ihr wie zu einem Freund,
sie hat sich niemals aufgebäumt,
stand ruhig und fest am Waldessaum.

Mit der Arve, oft auch Zirbe genannt,
verband ihn ein unsichtbares Band.
Mit seinen Sorgen konnte er zu ihr kommen,
sie hat ihm die Sorgen abgenommen.
Er hatte zu ihr großes Vertrau'n.

Nichts im Wald, was die beiden störte,
wenn die Arve aufmerksam zu, ihm hörte.
Seltsam beruhigend wirkte der Duft
unter dem Baum in der Atemluft.
Die Sorgen verschwanden wie ein Traum.

Er schaut in die Krone nach oben,
sein Seelenschmerz war behoben.
Der Baum nickte ihm zu, mit dem Wipfel;
im Hintergrund grüßte ein Bergesgipfel.
Er spürte wieder Zeit und Raum.

Der Baum, auch ein Lebewesen,
ist immerzu ihm Freund gewesen.
Hat in jeder Not ihm zugehört,
war nie überfordert oder empört.
Viele Menschen sind dazu nicht bereit.
Er liebte ihn, seinen Baum.

* * *

Was nun?

Dein Leben ist geordnet
und deine Zukunft ebenso,
bist mit der Welt zufrieden,
mit deinem Leben glücklich, froh.

An Jahren bist erfahren,
die Jugend ist vorbei,
du fühlst dich sehr erwachsen,
im Innern reif und frei.

Du hast noch viele Pläne,
an Ideen bist du reich,
die Welt willst du bereisen,
dann spielt der Körper dir 'nen Streich.

Auf einen Schlag, Sekunden nur,
liegst du darnieder, weißt nicht wieso, woher,
die Beine dir den Dienst versagen,
die linke Seite taub, gefühllos, leer.

Eh' du begreifst, was dir geschieht,
bist du in einem Krankenhaus,
hast keine Chance zur Gegenwehr,
Gesundheit ade? Ist es damit jetzt aus?

Was ist mit allen deinen Plänen,
Leben, Reisen, Glücklichsein
mit deiner lieben Frau,
die jetzt zu Hause sitzt, allein.

Ihr geht es schlechter noch als dir,
weil sie sich große Sorgen macht.
Du musst erst noch begreifen,
an sowas hast du nie gedacht.

Nach kurzer Zeit dann, im Spital,
verstehst du deine Lage.
Erwacht ist nun dein Kämpferherz,
vorbei Angst und Verzagen.

Du stellst dich jetzt der Situation,
die das Schicksal dir hat vorgegeben,
sich hängen lassen gibt es nicht.
Kämpfe! Es geht um Zukunft und das Leben.

Schaust jetzt nach vorn mit festem Blick,
dein Lebensmut ist wieder da,
bist wieder ganz der Alte,
du wirst es schaffen: „Inschalla".

* * *

Der alte Uhu

Ein mächtiger Uhu sitzt auf dem Ast.
Er ist älter als der Baum, schon fast.
Bei Tage sitzt er hier und schläft.
Dann wird er wach, weil ein Hund laut kläfft.

Das gefällt ihm ganz entschieden nicht,
weil er Tag's sich zur Ruhe verkriecht.
Nachts ist er unterwegs zum Jagen,
denn ein Uhu braucht auch was im Magen.

Er ist der Größte in der Ohreulen-Art,
erzeugt 2–4 Junge, wenn er sich paart,
lebt vornehmlich von Ratte und Maus,
junge Kaninchen sind sein liebster Schmaus.

Erschrecke nicht, bei seinem „johoh, johoh!"
Er ruft es laut im Wald irgendwo:
„Der Herr des Waldes bin ich in der Nacht."
Sein schallender Ruf ist als Mahnung gedacht.

Dieser Ruf ging mir durch Mark und Bein,
am liebsten wäre ich wieder heim.
Diesen Rufer zu sehen, war ich erpicht,
doch wie ich auch suchte, ich fand ihn nicht.

Ich ließ ihn in Ruhe in dieser Nacht,
hab' einen spannenden Spaziergang gemacht
und jeder, der den Uhu hört,
sollte darauf achten, dass er ihn nicht stört.

* * *

Das Tier in mir

Der Mensch, das ist bekannt,
ist ein hochentwickeltes Säugetier.
Manchmal, was ich nicht immer lustig fand,
sah ich schon, so ein Tier in mir.

Was ich da sehe,
ist nicht immer ganz fein.
Ich muss gestehen,
ich sah in mir schon ein „dummes Schwein".

Auch „Schafskopf" kam schon vor,
obwohl ich nicht gern in einer Herde laufe,
doch sicher, war ich wieder mal ein Tor
und ich mir dann die Haare raufe.

Manchmal bin ich ein „blöder Affe",
wenn ich anderen den Vogel zeige,
und dumm aus der Wäsche gaffe,
wozu ich im Normalfall gar nicht neige.

Es erwachte auch schon der „Tiger" in mir,
auch kämpfte ich schon, wie ein „Leu",
rannte schon an Mauern, wie ein „Stier"
und benahm mich wie ein „Luchs", so scheu.

Auch als Porzellanladen-„Elefant",
verhielt mich schon ungeschickt.
Hab' mich als Dickhäuter erkannt,
dem manchmal absolut nichts glückt.

Gottlob konnt' ich das „Stinktier" meiden.
Und noch eines wird mir jetzt ganz klar
zu all dem ganzen Tiere-Reigen,
bin ich froh, dass ich noch kein „Faultier" war.

Sicher ging es schon manch anderem so,
doch lassen wir besser die Tiere in der Natur und im Zoo.

* * *

Weihnachtsnacht
(Eine ungewöhnliche Begegnung)

In der Weihnachtsnacht bin ich aufgewacht,
ich hörte ein lautes Geräusch,
als wäre ein Regal zusammengekracht,
doch ich hatte mich gewaltig getäuscht.

Mit innerer Erregung bis ins Haar
ging ich in die Stube, wo die Bücher steh'n,
wollte dort sehen, was geschehen war,
konnte nicht glauben, was meine Augen dann seh'n.

Da lag ein Mann, konnte kaum noch lallen,
betrunken bis Oberkante Lippe.
Er war durch's Dach in die Stube gefallen,
sein Schlitten hing oben ganz schräg auf der Kippe.

Der Mann sagte, dass er der Nikolaus sei,
so sah er aus, mit Kleidung, Bart und Haar
und er erzählte fromm und frei,
dass er aus dem Schlitten gefallen war.

Er stammelte noch eine Entschuldigung,
dass sein Rentier Rudolf zu schnell galoppierte,
weshalb der Schlitten kippte dann um
und so dieses Unglück passierte.

Dann ging er zur Tür hinaus,
wo Rudolf mit dem Schlitten schon stand.
Er wünschte „Frohe Weihnacht und Glück für das Haus",
winkte mir zu: „Hohoho", mit einem Paket in der Hand.

* * *

Rudi der Elch
(Überraschung)

Im Allgemeinen ist ja bekannt,
dass Elche leben im Lappenland.
Durch Google bekam ich dann heraus:
„Dass dort auch wohnt der Nikolaus."

Darum machte ich mich auf, alsbald
ging bald spazieren im Lappenwald.
Dort traf ich Elche, mehr als Hasen.
Sogar einen mit einer roten Nase.

Ich stellte mich vor: „Mein Name ist Klaus,
als kürzere Form von Nikolaus."
Ich war überrascht, als er zu mir spricht:
„Nikolaus, das gibt es nicht."

„Guter Herr sie schwindeln soeben,
denn, Nikolaus kann es nur einen geben
und den kenne ich gut, denn seit Jahren
wir zusammen Schlitten fahren."

„Rudi, mit Namen", stellte er sich vor.
„Als Kurzform von Rudolf." Na, der hat Humor.
„Ich lebe hier und du bist Tourist?"
Somit sagte ich ihm eben, wie das so ist:

„Ein Elch mit Schlitten hat mein Hausdach ruiniert!
Obwohl ich gleich hab' die Polizei informiert,
waren die Täter schon geflohen,
und ich hab' den Schaden, einen Hohen."

Rudolf ist verlegen auf die Knie gesunken:
„Ja, ich erinnere mich, mein Schlittler war betrunken,
aber wir lernten was daraus …
und jetzt haue ich ab durch den Wald nach Haus'."

* * *

Weg und Spur

Du hast den Weg
zur Erfolgsspur gefunden
du sahst lange nicht den Steg,
und hast dich doch so geschunden.

Eins musst du noch lernen,
jetzt dem Weg zu folgen
greif nicht gleich nach den Sternen,
die sind noch in den Wolken.

Gehe nun den ersten Schritt,
immer einen nach dem andern
halte dein Ziel im Blick,
niemals rückwärts wandern.

***

Ein schwieriger Mann
(Dreizeiler)

Er ist ein schwieriger Mann.
Bringt Geschenke für sie mit nach Haus,
doch sie sagt: „Gib so viel Geld nicht aus!"

Er ist ein schwieriger Mann,
der abends mit ihr ausgehen will,
doch sie ist müde, sagt: „Das ist mir zu viel!"

Er ist ein schwieriger Mann,
der sie oft zum Essen einlädt,
und so ihr Kochplan durcheinander gerät.

Er ist ein schwieriger Mann,
der ihr sagt, wie sehr er sie liebt,
sie fühlt sich überfordert, weil er so viel gibt.

Er ist ein schwieriger Mann
und er sagt ihr, dass er sie braucht,
doch sie ist abends meistens geschlaucht.

Er ist ein schwieriger Mann.
Er möchte ihr so viel Liebe geben,
das erdrückt sie, sie will nur überleben.

Er ist ein schwieriger Mann,
der viel gibt und auch nimmt,
zu oft es zwischen beiden nicht stimmt.

Er ist ein schwieriger Mann,
der sich gern mit ihr unterhält,
doch er findet kein Thema, das ihr gefällt.

Er ist ein schwieriger Mann,
denn er schnarcht in der Nacht,
im Nebenraum hat sie ihm dann ein Bett gemacht.

Er ist ein schwieriger Mann,
und beruflich selten daheim,
da hätte sie ihn gern, doch dann ist sie allein.

Er ist ein schwieriger Mann,
der fragt, ob sie ihn noch liebt,
worauf sie ihm keine Antwort gibt.

Er ist ein schwieriger Mann,
macht ihr ein Blumengeschenk,
wobei sie sofort „ans Fremdgehen" denkt.

Er ist ein schwieriger Mann,
ganz ohne Frag',
er putzt sogar Fenster, wenn sie es ihm sagt.

Er ist ein schwieriger Mann,
sie wird aus ihm nicht recht schlau,

oder

… ist sie vielleicht eine schwierige Frau?

***

Schule
(früher/heute)

Zu meiner Zeit waren Lehrer gemein,
sie trichterten mir gewaltsam Wissen ein.
Wenn ich dann mal etwas nicht verstand,
gab es zwei Stockschläge auf die Hand.

Ich drohte dann kurz vor der Pause:
„Das sage ich meiner Mama zu Hause."
Zu Hause war es wie anderswo,
dort gab es noch Stockschläge auf den Po.

Heute haben's die Lehrer schwer,
denn es gibt keine Stockschläge mehr.
Erfragt er Wissen eines 7-jährigen Wichts,
So kommt die Antwort: „Ohne Anwalt sag ich nichts!"

***

Basta
(Haufenreim)

Basta, Ende, Schluss.
Alles verlogener Schmus,
zu lange zu viel Genuss
bringt am Ende nur Verdruss.
Irgendwann wird es zum Muss,
dann folgt die Strafe auf dem Fuß.

Alles Gerede erlogener Stuss,
unglaubhaft und auch konfus
aus deinem Ego-Fundus
in dauerndem Beleidigungs-Modus.

Es reicht mir mit dem Zirkus
und Redeschwall-Zynismus.
was du da äußerst ist diffus
ich haue ab zum Bosporus.

Ein letzter Kuss,
aus einem Guss,
Abschiedsworte, Exodus,
ab noch, mit dem letzten Bus;
Basta, Ende, Schluss.

* * *

Date

Heißgeliebte Sophie,
dein Name ist Melodie.
Ich denke an dich,
hier am Wirtshaustisch.

Trinke eben das 4. Bier
und wäre so gerne bei dir.
In mir ein großes Sehnen,
in mein Bier fallen 2 Tränen.

Auf uns noch ein Bier,
das trink' ich jetzt hier.
Liebe Sophia, in Gedanken
werd' ich jetzt zu dir schwanken.

Vergiss nicht, ich bin dein
und sitze hier allein.
Hab' tief in mir ein starkes Hoffen,
kann leider nicht kommen, da besoffen.

***

Vorteile im Alter
(Eingebetteter Reim)

Unsere Jungen strotzen vor Kraft
und sie geben damit an.
Dich betrachten sie als alten Mann,
doch du hast auch noch Lebenssaft.

Auch das Alter hat seine Vorteile,
was die Jungen noch nicht sehen.
Sie denken, es müsst' alles schneller gehen
und haben viele Vorurteile.

Das Alter ist noch für vieles gut,
hast immer Zeit, wenn du willst
und dann des Jungen Kummer stillst,
der selbst gemacht ist, aus Liebesglut.

Hast nie mehr Zahnschmerzen, wie nett.
Zähne liegen auf dem Nachttisch im Glas,
das Schlafengehen macht dir Spaß,
eine bildhübsche Pflegekraft bringt dich ins Bett.

Deine Rente immer pünktlich kommt.
Profitierst von Zahlungen in die Krankenkasse,
mit der Bahn fährst du nur 1. Klasse,
bist in Ehren ergraut oder silberblond.

Schlechte Vergangenheit ist dir fremd.
Negatives hast du längst vergessen.
Das kann dich alles nicht mehr stressen,
wie der oberste Knopf an deinem Hemd.

Die grauen Zellen haben sich dir angepasst,
die Augen werden nicht mehr schlechter,
siehst gut und bist kein Kostverächter,
dein Gewicht ist keine Last.

Deine Kleidung kannst du ewig tragen,
brauchst nichts mehr dir zu kaufen.
Dein Paar Schuhe ist längst eingelaufen,
bei Spaziergängen an Sonn- und Feiertagen.

In den Gliedern knackt's mal wieder,
die Gelenke tun ihre Pflicht,
sind besser als der beste Wetterbericht:
„Die Sonne scheint morgen wieder."

Jetzt kannst du sehen, du junger Knecht.
Deshalb sollst du das Alter ehren
und dich nicht dagegen wehren,
denn das Altern ist gar nicht so schlecht.

***

Das falsche Nest

Es war einmal ein Lämmergeier,
der legte im Sommer 2–3 Eier.
Als dann die Jungen schlüpften
und im Nest rumhüpften,
da war dann 1, 2, 3,
ein Kuckuckskind dabei.

„Der Kuckuck, dieser Wicht!
Das Kuckuckskind ernähr' ich nicht!"
Sagte die Geiermama bitterbös,
aber die Geierkinder hatten das Problem schon gelöst.

* * *

Begierde

Starkes Verlangen, es zu riskieren;
dann, das Erleben.
Erregung des Herzens, starkes vibrieren,
inneres Beben.

Vergessen, vorbei, Ernüchterung, kalt,
Blicke benommen.
„Verdammt, ich verlor den Halt",
denkst Du beklommen.

Es war die Laune einer bösen Macht,
du dachtest nicht an Liebe
der Teufel hat zugeschaut und gelacht,
es waren nur die Triebe.

Blicke kreuzen sich verlegen.
Rausch der Begierde, wie wahr,
Gefühlswelt will sich nicht regen.
Ein Abenteuer ganz klar.

* * *

Scheiden tut weh

Wenn die Schwalben nach Süden ziehen,
wenn meine Rosen zum Abschied noch blühen,
wenn der Pirol mit seiner Melodie
so herrlich singt wie nie,
wenn mein Herz vor Freude schlägt,
dann bin ich glücklich unentwegt.

Wenn die Gänse südwärts ziehen,
dorthin, wo Palmen immer blühen.
Wenn der Tannenhäher Vorräte versteckt,
dann hat auch der Letzte entdeckt,
dass der Herbst kommt vor dem Winter,
und auf den Wiesen steh'n noch die Rinder.

Wenn die Wiesen sind gemäht,
wenn der Bauer nichts mehr sät,
wenn die Lärche trägt das goldene Kleid,
dann kommt mir leichtes Herzeleid.
Wenn dann noch der Hirsch laut brüllt im Wald,
dann weiß jeder, es wird bald kalt.

Wenn die Erde geht zur Ruh',
macht mancher im Herbst die Augen zu.
Wenn Abendrot immer öfter sich zeigt
und sanft sich vor den Bergen verneigt,
wenn der Sommer jetzt weiß, dass er geh'
dann tut scheiden weh.

***

Sehnsucht eines Wassertropfens
(Ballade/Kreuzreim)

Er lebte sein Leben, still vor sich hin,
ganz allein, oben in den Bergen.
Er wusste, sein Dasein hatte Sinn,
doch niemand wollte ihn bemerken.

Ein Leben im Stillstand und ohne Klasse,
eingerahmt von Bergen, die sich Stolz erheben,
er wollte heraus, aus der Masse,
seinem Leben mehr Bedeutung geben.

Zu lang schon, war er träge.
Bewegte sich nun immer mehr, hin zum Tal,
er brauchte Bewegung, suchte neue Wege,
da vorne, wo es eng wurde und schmal.

Er findet die Stelle, nach der er gestrebt,
doch, oh Schreck, hier ist die Welt zu Ende,
er hört, wie's donnert und unter ihm bebt,
denkt an ruhige Zeiten zurück und faltet die Hände.

Von links und rechts packen ihn mächtige Arme.
sie reißen ihn mit sich, hin zum Rand.
Er wehrt sich, schreit auf: „Oh Gott, erbarme!"
Zu spät hatte er die Gefahr erkannt.

Sich aufbäumend, brüllend stößt er hinab,
schlägt hart unten auf, auf kantigen Steinen
und weiter in rasender Fahrt,
wird er sich wieder mit anderen vereinen.

Das war es, was er so lange gesucht.
Tosendes Lachen, Gischt aufschäumend und prall,
hinter sich stürzend, brüllend mit Wucht,
für Sekunden war er ein Wasserfall.

Viel beachtet und bestaunt von der Welt.
Sein Bild zu finden an allen Orten,
das war für ihn der Wert, der immer hält:
„Er war unsterblich geworden."

***

Vierzeiler
(Frühlingshitze)

Im Frühling ist es warm,
komm, nimm mich auf den Arm
und trage in den Schatten mich,
dort krieg ich keinen Sonnenstich.

* * *

Ich liebe mich

Ich liebe mich, so, wie's hier steht
und tue alles, dass es gut mir geht.

Und wem das etwas seltsam ist,
wer meint, ich sei ein Egoist,
dem sage ich, wie das gemeint,
ehrlich, deutlich und gereimt.

Dass ich mich lieb' tut keinem weh;
ich liebe mich von Kopf bis Zeh',
bemühe mich, mir's recht zu machen,
bin mein eig'ner Siegfried und auch Drachen.

Bin lebensfroh, bin Optimist,
und tue, was zu tun ist.
Ich sorg' für meinen Kopf und Bauch
und wenn Du klug bist, tust Du's auch.

Ich gehe sorgsam mit mir um,
wer das nicht macht, den nenn' ich dumm.
Wer immer nörgelt Tag und Nacht,
der hat's noch nie zu was gebracht.

Wenn es mir gutgeht, hier im Leben,
dann kann ich schaffen, kann ich streben.
Geht's mir schlecht, dann kommt der Frust
und das bedeutet Lustverlust.

Geht es mir gut, wie hier beschrieben,
nur dann kann ich auch andre Menschen lieben.
Kann anderen helfen, Gutes tun,
und nachts mit ruhigem Gewissen ruh'n.

***

Das japanische Haiku

Das Haiku ist eine traditionelle japanische Gedichtform, die heute weltweit verbreitet ist. Das Haiku gilt als die kürzeste Gedichtform der Welt.
Zu den bedeutendsten Haiku-Dichtern zählt Matsuo Bashō, ein berühmter japanischer Schriftsteller und Dichter.
Das Haiku zeichnet sich zum einen durch seine Form und zum anderen durch seinen Inhalt aus.

Es handelt sich um einen **Dreizeiler**, der sich in **5–7–5 japanische Moren („Silben")** unterteilt.

Hier zwei Beispiele:

Haiku

Der/Weg/mit/Herz/schmerz – 5 Silben
führt/ein/sam/durch/die/Höl/le, – 7 Silben
hin/zum/See/len/schmerz? – 5 Silben

***

Haiku

Glanz/dei/ner Au/gen,
gleich/zwei/er/Di/a/man/ten;
strah/lend/Glück/und/Licht.

***

Auch hier bitte ich Sie, liebe Leserin, lieber Leser, probieren Sie es doch mal. Es kommt bei dieser Gedichtform auch darauf an, Gefühle auszudrücken.

Thekenbekanntschaft

Wir saßen im „Bierbrunnen" an der Theke,
du dort, ich hier
entfernt gegenüber, saßen wir.
und wir schauten uns an.

Wir schauten uns lange an.
Träumend, nachdenklich.
Wir waren öfter hier, dann und wann
sahen uns nie an, bedenklich.

Heute fanden wir in die Spur.
Aber, was sag ich nur?
Ein anderer spricht sie an
ich fassungslos, doch dann ...

ließ sie ihn abblitzen.
Sie kam und wollte bei mir sitzen.
Smalltalk, na ja, war schon besser,
früher war ich kesser.

Kurzes Kennenlernen,
dann alleine nach Hause entfernen,
Telefon-Nummer getauscht,
daheim gesessen, gewartet, gelauscht.

Morgen, ein neuer Tag.
Ja, zum Telefonieren,
hatten viele gleiche Gedanken,
Gefühle entstanden.

Ich wollte sie wiedersehen,
das konnte sie verstehen.
Heute Treffen …, der erste Kuss.
Dann macht sie mit mir Schluss.

***

Kaltes Herz

Kaltes Herz, Splitter aus Eis,
Nebelhauch, Kristalle ganz weiß,
starr und kälteklirrend,
im Eismeer in Einsamkeit irrend.

Kaltes Herz, fühlst du denn nicht,
dass jemand warmherzig zu dir spricht?
Lass dessen Herz nicht auch noch erstarren,
lass diesen Menschen nicht unnötig harren.

Kaltes Herz, zeig' dich der Sonne,
sie wird dich wohlig wärmen in Wonne,
dann lernst du wieder, was lieben heißt,
das war dir vergönnt, als Du noch vereist.

Flammendes Herz, dich jetzt jemand nennt.
Spürst du nun, wie Liebe brennt?
Fühlst du jetzt der Liebe Glut,
bleib nun, wie du bist, denn Liebe tut gut.

***

Ein Angler
(Umrahmender Reim abba)

Ein jüngerer Mann, beruflich Koch,
wollte mal um jeden Preis,
angeln, im Winter auf dem Eis.
In die Eisdecke bohrt er ein Loch.

Mit gutem Willen und Zuversicht
packte er die Angel aus,
zu angeln einen Fisch da raus.
Doch erstmal tat sich nicht'.

Er schwenkt die Angel hin und her,
doch keiner wollte beißen,
auch nicht beim Angelhaken kreisen.
„Na, aller Anfang ist halt schwer."

Von oben sprach plötzlich eine Stimme:
„Warum machst du hier das Eis kaputt,
hier gibt's weder Hecht noch Butt,
hier machst du keine Gewinne!"

Er fühlte sich unwohl
und reagierte mal nicht:
„Ist das Gott, der da zu mir spricht?
Er hat überall das Monopol."

Und die Stimme sprach nochmal:
„Hier gibt es keinen Fisch!"
„Oh, bin ich erwischt?
Lieber Gott, was ich tu' ist fatal."

„Ich bin nicht Gott, du armer Wicht!
Ich sage es dir und sag' für alle,
das hier ist die Eissporthalle,
hier wird nicht gefischt!"

* * *

Drei Spatzen

Drei Spatzen in einer Rosenhecke,
sitzen da sind sich am Necken.
Sie sitzen ganz eng zusammen,
so, der Reihe nach, wie sie kamen.

Links saß der Karli und rechts der Mats,
dazwischen Walti, er hatte Angst vor der Katz'.
Der ängstliche Walti macht einen Witz,
vor Lachen fallen die andern vom Sitz.

Doch man traf sich dort oben gleich wieder,
drückte eng aneinander das Gefieder.
Und so schliefen alle drei dann ein,
sie bemerkten nicht, dass es anfing zu schnei'n

Weil Karli und Mats noch außen sitzen,
fängt Walti in der Mitte an zu schwitzen.
Weil alle eben so dicht zusammen,
dem Walti die Schweißperlen rannen.

Die anderen beiden, da außen sitzend,
kamen nicht mal annähernd ins Schwitzen.
Da keiner die Sitzordnung bereute,
sitzen sie dort bestimmt noch heute.

* * *

Die Blattlaus
(Fabel)

Eine grüne Laus
saß auf meinem Rosenblatt,
weil das ein guter Schmaus
und weil sie Hunger hat.

Als die Laus mich sah,
war sie sehr erschrocken.
Weil's 'ne freche Blattlaus war,
blieb sie ganz ruhig hocken.

Ich zog das Blatt nach vorn,
weil ich sie nehmen wollte;
sie rutschte ab auf einen Dorn,
was sie besser nicht sollte.

Der Dorn war spitz,
sie spürte Schmerzen,
wie das halt so ist.
Das ging mir zu Herzen.

Nun hatte gelernt, die grüne Laus,
besser geht's ihr bei den Nelken.
Die kommen ohne Dornen aus,
vom Blühen bis zum Welken.

Und die Moral von dem Gedicht,
das fragt man danach so:
„Schände meine Rosen nicht,
sonst hast du Schmerz in deinem Po!"

***

Das Feigenblatt

Ich habe Durst und hör' es rauschen,
was mich veranlasst hinzulauschen.
Da war ein Wildbach in der Nähe,
mit Freude ich ihn dann erspähe.

Auf Knien trinke ich das Nass,
erfrischend wie ein Bier vom Fass.
Ein Feigenblatt tanzt auf 'ner Welle:
„Was sucht das hier an dieser Stelle?"

Ich bin hier, im Schweizer Wald,
da ist's für Feigen viel zu kalt.
Man sagt, hier sei's wie Garten Eden
Na ja, es gibt vieles, was wir so reden.

Wenn das der Garten Eden wär',
dann käm' vielleicht die Eva jetzt hierher:
„Mag sein, sie hat das Blatt verloren?"
Oh, da werd' ich rot hinter den Ohren.

Wenn sie heute große Wäsche hat,
dann wäscht sie auch ihr Feigenblatt.
Der Bach, der hat es ihr gestohlen,
und sie, sie will es wiederholen.

Ich ging abwärts weiter, den Bach entlang,
bis das Blatt meinem Blick entrann.
Ich dachte an das Blatt und auch an Eva
bis ich eine kleine Insel im Bach sah.

Hier lag es, strahlend grün und glatt,
da lag das schöne, feige Blatt.
Es war der Eva bestimmt entronnen,
als sie's mal abgenommen.

Ich nahm es an mich zur Erinnerung,
an diese schöne Wanderung.
Ich wundere mich noch immer sehr:
„Wo stammt dieses Blatt wohl her?"

Eva sucht vielleicht noch immer,
doch jetzt hängt es bei mir im Zimmer.
Ich liebe dieses Feigenblatt,
obwohl es keine Eva hat.

* * *

Verliebt

Sie sitzen am Bachrand,
aneinander gelehnt,
Hand in Hand.
Jeder im 7. Himmel sich wähnt.

Auch mal eng umschlungen,
zu fühlen die Ewigkeit,
der Realität entsprungen,
von allen Sorgen befreit.

Ist es Liebe oder Liebelei?
Das wird die Zeit erst zeigen.
Das bestimmt das Herz hierbei,
nun hört man sie nur schweigen.

Gefühle übernehmen die Macht.
Romantisch des Baches Rauschen,
beide haben ein Feuer entfacht.
Küsse und Blicke sie tauschen.

***

Die Vogelscheuche

In der Welt gibt es viele Bräuche
Auch: „Ins Feld zu stellen eine Vogelscheuche."
Sie steht auf einem Stecken,
soll Vögel von der Saat wegschrecken.

Unsere Vogelscheuche heißt Gustav mit Namen.
Gustav steht im Acker und bewacht den Samen.
Den Vögeln macht er ein freundliches Gesicht,
sie zu erschrecken, das mag er nicht.

Er gönnt ihnen die Körner für ihre Gedärme
Denkt: „Das macht den Bauer auch nicht ärmer!"
Er lächelt ihnen freundlich zu
und sie sitzen auf seinem Arm, im Nu.

Sie zwitschern ihm ein Liedchen vor,
er lächelt und ist ganz Ohr.
Eine Amsel auf seinem Hut, sie fleht:
„Oh, die Felder sind schon abgemäht!"

Das bedeutet, dass es bald in den Winter geht,
das heißt Hungersnot und Langeweile früh bis spät.
Gustav seufzt: „Mein Bauer ist jetzt reicher,
und ich muss wieder auf den Speicher!"

„Wo ist der Speicher?" hört er die Amsel rufen.
„Sag mir den Weg, dann muss ich nicht suchen.
Ich flieg mal im Winter zu dir rein,
dann bist du auch nicht so allein!"

***

Sieben rote Käferlein

Frühling ist's, die Menschen schwitzen.
Was kommt denn da aus Mauerritzen?
Ein rundes rotes Käferlein
mit kleinen schwarzen Punkten, fein.

Das erste prüfte mal die Luft
und roch sehr schnell den Blütenduft.
Dann flog es aus,
zu verspeisen eine Blätter-Laus.

Das Dritte und das Zweite,
die kamen alle beide
auf einmal aus den Ritzen,
ruhten sich erstmal aus im Sitzen.

Dann kamen vier und fünf und sechs,
alle mit dem schwarzen Klecks.
Flogen dann mit viel Gebrumm
um einen Enzian herum.

Wo war Käferlein Nummer sieben?
Das war zurückgeblieben,
es schlief in seinem Mauerspalt,
denn draußen war's ihm noch zu kalt.

***

Begegnung
(Märchen)

Vor langer, langer Zeit,
es war einmal.
Trafen sich ein Junge und eine Maid,
beim schönsten Sonnenstrahl.

Sie schauten sich kurz an;
Was sie innerlich erschreckte
und sie spürten plötzlich, dann,
dass Interesse sie erweckten.

„Macht es überhaupt Sinn",
fragte ER sich verzweifelt:
„Mit ihr was zu beginn'?
Ein früherer Versuch war verteufelt!"

Dann meldete sich sein Herz
und siegte über den Verstand:
„Gehe nicht rückwärts,
nimm sie einfach bei der Hand!"

Er war IHR auch aufgefallen
und ihr Herz schlug schneller.
„In ihn könnt ich mich verknallen."
Ihre Augen strahlten heller.

Ihr Herz schlug bis zum Hals:
„Das ist der richtige Mann für mich,
den will ich haben, jedenfalls!"
In Gedanken sagte sie: „Ich liebe dich."

Er ging weiter seines Weges,
schaute sich aber nochmal um,
zeigte ein Lächeln, ein diskretes.
Doch sie stand da, traurig und stumm.

Sie wurde wütend auf sich:
„Warum gab ich ihm kein Zeichen."
Sie spürte im Herzen den Stich:
„Geh', lasse ihn nicht entweichen."

Enttäuscht ging sie in seine Richtung.
In ihrem Innern ein heftiges Tosen.
Da kam er um die Ecke mit Schwung,
beinahe wären beide zusammengestoßen.

Beide lachten, innerlich bebend,
sie schmiegte sich an, scheu wie ein Reh.
Eine Hand nach der anderen strebend,
und dann lud er sie ein, ins Eis-Café.

Sie heirateten nach einem Winter
und bei einer Tasse Tee
erzählen sie noch heut' für ihre Kinder
von der Begegnung vor dem Eis-Café.

***

Der Strohhalm

Viele brauchen Geld und teure Dinge,
Ertrinkende brauchen Rettungsringe.
Ich brauche weder Gut noch Geld,
ein kleiner Strohhalm wär' für mich die Welt.

Ein Strohhalm, mich dran festzuhalten,
jetzt, wo meine Seele so gespalten,
ein Strohhalm, mich dran hochzuziehen,
jetzt, wo mir so weich in meinen Knien.

Wo ich nicht weiß, ob ich noch kann,
wo ich nicht weiß, wohin und wann,
wo ich nicht weiß, warum ich bin:
„Wer reicht mir einen Strohhalm hin?"

Durch den ich atmen kann und leben,
durch den ich Kraft bekomm, zum Geben,
durch den ich schau nach neuen Zielen,
durch den ich finde zu neuen Gefühlen.

Ohne Halm fault jede Ähre!
Der da sagt, dass es bei Menschen anders wäre,
der versteht nicht meinen Reim:
„Hey, Du, willst Du mein Strohhalm sein?"

***

Freiheit

Im Zoo sah ich 3 Tiger, eingesperrt.
Der eine schlief, der andere am Zaune zerrt,
der Dritte hin und her nur lief,
mit einem Gesicht, das nach Hilfe rief.

Alle drei waren sicher psychisch gestört,
kein Mensch hat's gesehen, keiner gehört,
die lange Trauer und Lethargie.
Ich dachte: „Bedauernswertes, armes Vieh."

Sie würden gern durch die Steppe laufen,
nicht hier in Einsamkeit ersaufen,
ausgesperrt von der Natur,
eingesperrt auf 50 Quadratmeter nur.

Jetzt begann mein Verstehen,
so kann es auch Menschen ergehen,
so viele sperren selbst sich ein
und bleiben freiwillig allein.

Sie haben sich ihren Käfig selbst geschaffen,
sie laufen darin hin und her wie Affen,
verlieren dabei ihr Selbstwertgefühl,
Mensch, treibe nie so ein dummes Spiel.

Ändere dein Leben, alsbald,
öffne deinen Käfig nur einen Spalt,
raffe zusammen deine ganze Energie
und erlebe das Leben wie noch nie.

Suche den Ort, der dir gefällt,
denn überall ist es schön in der Welt.
Genieße die Welt mit vollen Zügen
und nie mehr darfst du dich belügen.

***

E-Bike-König
(Frei nach Goethes Erlkönig)

Wer fährt so spät noch auf dem Bürgersteig,
das ist der Opa mit dem Elektro-Bike.
Seine Enkelin darf auf dem Sozius sitzen
und kommt bei dem Tempo arg ins Schwitzen.

„Mein Kind, warum machst du so'n ängstlich' Gesicht?"
„Oh, Opa, siehst du den Fußgänger dort nicht?
Er schleicht da vorne am Haus entlang!"
„Vor solchen Gesellen wird mir nicht bang!"

„Hey, du Biker-Oldie, was fährst du so schnell,
mach dich ab auf die Straße mit deinem Fahrgestell,
ich bin auf dem Heimweg, drum lass' mich gehen,
denn meine Mutter will mich heute noch sehen!"

„Mein Opa, oh Opa, hörst du denn nicht,
was dieser Junge gerade spricht?"
„Bleib' ruhig, bleib' ruhig, mein Enkelkind!"
… und durch ihre Haare flattert der Wind.

„Dieser Bengel soll unter der Laterne gehen,
dann kann ich ihn im Dunkeln besser sehen.
Ich weiß, ich bin alt schon an Jahren
und will mit dem Bike bestimmt kein Kind überfahren!"

„Mein Opa, mein Opa, siehst du nicht dort,
da vorne rennen die Menschen schon fort!"
„Mein Kind, mein Kind, das Biken macht Spaß, schon seit Tagen,
man kann so schön damit Fußgänger jagen!"

„Siehst du, wie sie rennen, mein liebes Kind,
ihre Kleider fliegen im Wind.
Wir fahr'n durch die Mitte mit mächtigem Tritt,
danach beenden wir den Höllenritt."

Der Opa hat Freude, fährt nach Hause geschwind;
auf dem Sozius sein glückliches Enkelkind.
Sie erreichen die Wohnung, ganz abgehetzt.
„Opa, gottlob, wir haben keinen überfahren und keinen verletzt."

* * *

Ein arroganter Hahn

Er war stolz und eitel
von den Zehen bis zum Scheitel.
War Herr über Hühner, 'ne ganze Schar,
nur sein Interesse für sie war sehr rar.

Er war eitel, ein richt'ger Angeber,
putzte ständig jede Feder,
saß faul in der Sonne auf der Erde,
auf dass die Sonne ihn bräunen werde.

Ihm war nicht wichtig ein befruchtetes Ei,
die Hennen waren ihm einerlei.
Für die Sonne entblößte er seine Brust,
indem er Federn dort ausriss, mit Lust.

So holte er sich einen Sonnenbrand
und ist vor Schmerzen wild rumgerannt.
Der Bauer Heinrich sieht nun prompt,
warum bei den Hennen kein Nachwuchs kommt.

Heinrich fängt sich den eitlen Hahn
und zündet gleich ein Grillfeuer an.
Der Hahn, schon wissend, was der will,
schreit sein letztes „Kickeriki", ganz schrill.

Bauer Heinrich grinste schlau,
rief seine Kinder und die Frau,
und lud sie ein mit Freude
zu einem Hähnchen-Picknick heute.
Die Heinrichs aßen Hähnchen mit Brot,
der eitle Hahn war schön braun, aber tot.

***

Schüchterne Liebe

Du schaust mich an wie eine Fee;
doch zum Anfassen.
Du zierst Dich wie ein scheues Reh;
drum muss ich's lassen.

Du schaust mich an mit großen Augen,
die machen mich verrückt;
Du machst mir Mut, mir zu erlauben,
was längst in Gedanken mir geglückt.

***

Anderswo

Hier hocke ich, so ganz allein
und möchte gern wo anders sein.
Wo anders sein, was jetzt nicht geht,
wo anders, wo man mich versteht.

„Anderswo", so heißt das Land,
das ich in keinem Atlas fand.
Anderswo ist kein fester Ort,
es könnte hier sein oder dort.

Anderswo ist überall,
doch wichtig ist auf jeden Fall,
dass jemand für dich Gefühle spürt
und von anderswo nach Hause dich führt.

Diesen Jemand, den gibt es bestimmt,
der mich dann mit nach Hause nimmt.
Doch leider ist er anderswo,
ist einsam, traurig oder froh.

Er wartet auf mich, ist für mich geschaffen,
möchte mich gerne glücklich machen,
er wartet bestimmt schon, auch allein
und würde so gern mit mir glücklich sein.

Wenn wir uns begegnen, wir werden es spüren,
wir werden uns beide nach Hause führen,
der Weg kann schwer sein, wir werden ihn gehen,
bauen auf Liebe, Vertrauen, Verstehen.

* * *

Traum-Gespräch
(Umrahmender Reim abba)

Ich träumte eines Nachts im Schlaf,
der Herrgott sprach zu mir:
„Hör' zu, was ich diktier';
hör' zu, du schwarzes Schaf!"

„Lebst trunken und faul in meiner Welt.
Ich habe dir Talent zum Architekten gegeben,
solltest Häuser bauen, wo Menschen leben,
doch du verschwendest nur Gut und Geld."

„Was hast du nur aus dir gemacht,
ein müder Stubenhocker
mit Hauptberuf als Zocker,
oft bis morgens in der Nacht."

„Eine Chance gebe ich dir jetzt:
Talent zum Schreiben von Gedichten
oder auch schönen Geschichten;
du hast lange genug mein Gebot verletzt."

„Du bekommst eine Frau aus dem Engadin,
der bist du dann für ewig treu,
schreibst viele Gedichte, dass ich mich freu'.
Mit Zocken ist Schluss, da bleibst du clean!"

„Ich beobachte dich und achte darauf,
dass du ein fleißiger Schreiber bist.
Ich gebe acht, dass du schreibst keinen Mist.
Wenn doch, dann hol' ich dich zu mir rauf."

„Da kannst du das Halleluja singen,
dass den Menschen die Ohren schmerzen,
dir hilft kein Betteln und kein Scherzen;
wirst deine Ewigkeit hier bei mir verbringen!"

„Also tue deine Pflicht,
denn eine dritte Chance gibt es nicht."

* * *

Wüste
(Wasserknappheit beginnt)

Was wird aus einem Meer ohne Wasser?
Ist nicht mehr blau, wird deutlich blasser.
Und dass die Menschheit auch richtig büßte,
wird das Meer dann bald zur Wüste.

Was wird aus einem Wald ohne Bäume?
Glaube ja nicht, dass ich träume.
Wo jeder Baum uns freundlich grüßte,
da gibt's bald nur noch Wüste.

Und wenn der Fluss durch unsere Stadt
ebenfalls kein Wasser hat?
Dann weiß der Mensch, dass er gehen müsste,
der Sand frisst die Stadt, sie wird zur Wüste.

Früher, die Sonne die Menschen begrüßte!
Jetzt begrüßt sie nur noch Wüste.
Sie verbrennt nur noch das Erdenland,
auf dem alles Leben verschwand.

***

Sommer
(Auf die Perspektive kommt es an)

Sommer, schönste Jahreszeit.
Man sagt das gerne, weit und breit.
Doch manch einer glaubt das nicht,
weil er es sieht aus anderer Sicht.

Man sagt sogar: „Die Sommerszeit
ist die Zeit, in der alles gedeiht."
Das war der Reiz für dies' Gedicht,
zu beleuchten aus verschiedener Sicht.

Da ist zu sehen, der Optimist,
der jeden Sonnenstrahl genießt
und mit voller Freud' und Wonne
abends Wasser schöpft aus seiner Tonne.

Er freut sich noch auf jeden Tag,
egal, was der ihm bringen mag.

Da ist mein Nachbar Waldemar
mit heller Haut und rotem Haar,
er mag die Sonne nicht,
weil er bekommt Blasen im Gesicht.

Im Nachbardorf der Bauer Hahn,
der legt sich gerne mit dem Wetter an.
Hat er Gras gemäht, muss die Sonne scheinen,
für seine Kartoffeln muss der Himmel weinen.

Das alles genau zur richtigen Zeit,
dann hat auch er am Sommer Freud.
Nur wenn das Sommergewitter knickt das Korn,
dann bekommt jeder Bauer einen riesigen Zorn.

Die arbeitende Frau nicht zu vergessen,
die kann der Sommer auch mal stressen.
Am freien Wochenende sie sauer ist,
wenn der Himmel aus allen Wolken gießt.

Dann packt sie auch die große Wut.
Da die ganze Woche das Wetter war gut.
Und jetzt, wo sie sich erholen könnt',
der Himmel ihr keinen Sonnenstrahl gönnt.

Und auch der Schiffer auf dem Rhein,
der mag die Sonne nur zum Schein,
denn wenn zu lange die Sonne lacht,
wird das Flussbett fürs Schiff zu flach.

Kinder, dem Sommer mit Freude entgegensehen,
sie dürfen dann ins Schwimmbad gehen.
Im Sommer ist auch Ferienzeit,
worauf sich die ganze Familie freut.

Nie möchte ich sein, der Herr da oben.
Er tut, was er kann, und keiner will ihn loben.
Ich bleibe immer Optimist
und nehme das Wetter, wie es ist.

Ich hab' mal gelesen in einer Zeitung,
zu jedem Wetter gehört die richtige Kleidung.
Das hilft keinem Gärtner oder Bauer,
beide sind auch mit der richtigen Kleidung sauer.

**

Raupen

Raupen sind hässlich,
keiner will sie haben;
dann sind sie noch gefräßig,
an Blättern sie sich laben.

Sie haben ein schweres Leben.
Der Gärtner tobt und schreit´,
weil sie so verfressen sind, eben.
Und das auch noch zur Erntezeit:

„Verdammt, verfressene Raupen,
fressen nicht nur hier am Blatt,
ich will und kann's nicht glauben,
sondern auch am Kohl sich satt."

Eines weiß dieser Gärtner nicht:
„Sie ist nicht nutzlos auf Erden,
die Raupe, sie hat eine Pflicht,
sie soll mal eine Puppe werden!"

Jetzt ist diese im Puppenalter
und es windet sich heraus ein Ding,
vielleicht ein Falter,
nein es ist ein Schmetterling.

Dieser flog zu den Blumen hin
und der Gärtner hatte Freude:
„Oh, was ich doch für ein Dummkopf bin.
Ich liebe Raupen, ab heute."

***

Sie tun es

Der Frühling ist vorbei
und die Vögel tun es.
Wo du hinschaust, einerlei,
sie tun es.

Sogar die Bienen im Garten,
sie tun es.
Du brauchst nicht lange warten,
dann tun sie es.

Auch Schmetterling und Falter,
die tun es ebenfalls.
Sie tun es einmal hier und auch mal da,
sie taten es auch, als ich es sah.

Und alle tun es mehrmals am Tag,
sie tun es so oft, wie jeder mag.
Ich schaue ihnen zu voller Neid,
sie tun es und ich tu' ihnen leid.

Ich könnt' graue Haare kriegen.
Aber ich kann vermutlich niemals fliegen.

* * *

Blumen im Winter

Ich kenn eine Blume, glänzend weiß,
wie aus reinem Silberglanz.
Sie blüht nicht, wenn es heiß,
bei Kälte aber voll und ganz.

Sie ist ein seltenes Wunder,
wenn sie am Fenster blüht.
Ein Silberstern mitunter,
der in der Kälte glüht.

Hat keine Blätter, keine Knospe,
blüht gerne in der Nacht,
zeigt bei stärkstem Froste
vollends ihre ganze Pracht.

Alle Blumen brauchen Sonnen,
dagegen hat sie eine Allergie.
Im Nu ist sie zerronnen.
Oh, welche Ironie.

Die Blume, die ich meine,
blüht nur bei Kälte, Schnee und Eis
Eiskristalle, ganz, ganz feine,
ihr Name „Eisblume" ist der Beweis.

***

Hustengeist

Der Hustengeist
ist, wie es heißt, sehr dreist,
und er lauert überall
zum Bazillenüberfall.

Er krallt sich fest in deinem Hals,
trotz hohem Kragen und des Schals.
Dein Hals beginnt zu quellen
und du fängst an zu bellen.

Das Ganze geht bis Freitagfrüh.
Das Atmen macht dir große Müh'.
Man hört dich lauthals prusten
und weiß, du hast 'nen Husten.

* * *

Spieglein an der Wand

Manchmal schaue ich in den Spiegel.
Ich sehe mich und sage:
„Na, du altes Haus,
hatten wir uns das Leben so vorgestellt?"
Wir schauen uns an und lachen.

Spieglein an der Wand
Ich schau dich an:
„Aber, was zum Teufel ist passiert?"
„Dein Altern hat jetzt angefangen."

Spieglein an der Wand
„Ich habe einen ganz tollen Freund gefunden,
dass ich ihn nur im Spiegel sehen kann,
stört mich nicht."
„Trink ein paar Bier,
dann hast du mehr Freunde."

Spieglein an der Wand
„Warum schaust du mich so traurig an?"
„Ich reflektiere!"

Spieglein an der Wand
„Ich fühle mich jung, frisch dynamisch, gutaussehend!"
Und dann sehe ich dein blödes Gesicht:
„Abgekämpft, langweilig, unrasiert und zu Tode erschrocken!?"

* * *

Ein alter Stier

Beim Schimpfen sagt man „Alter Stier" sehr gern.
Das trifft aber nicht der Wahrheit Kern.
Ein Stier, das ist ein mächtiges Tier.
Für manchen Bauern des Hofes Zier.

Er spannte ihn auch mal vor den Pflug
und das war lange noch nicht genug.
Er ist der Vater seiner Kälber,
doch der Stier, der wurde älter.

Wenn wütend, war er nicht zu halten,
als würd' er den Gehorsam abschalten.
Er war nicht mehr klar in seinem Gehirn
und ging durch 'ne Mauer mit der Stirn.

War er in Wut, da half kein Flehen,
besser war's, ihm aus dem Weg zu gehen.
Unaufhaltsam nahte deshalb sein Ende.
Der Bauer übergab ihn in Metzgershände.

Er brachte eine halbe Tonne auf die Waage,
ein gefährlicher Kämpfer, aus Spaniens Sage.
Zu besiegen war er nur schwerlich,
da er immer und überall war, gefährlich.

In der Arena war er der Sieger,
er machte so manchen Torero nieder.
Ich habe es erlebt, auf jeden Fall,
er machte Kleinholz aus seinem Stall.

Und noch etwas ist wahr.
Vorbei ist erst die Gefahr,
wenn er nur 300 Gramm noch wiegt
und vor mir auf dem Teller liegt.

* * *

Metalle

Schweigen ist **Gold**, sagt ein weises Wort.
Doch hört man auch mal hier und dort,
reden sei **Silber** und zu allem Pech,
reden viele Leute sehr häufig nur **Blech**.

Fehlt nur noch so als bunter Tupfer,
die Halbwahrheit, biegsam wie **Kupfer**.
Manchmal sind Worte schwer wie **Blei**,
besonders wenn's wegen des Inhaltes sei.

Worte sind scharf, wie Klingen aus **Stahl**,
drum achte drauf bei deren Wahl.
Wer andere mit Worten linkt,
redet, so sagt man, sehr **gezinkt**.

Es war ein Versuch von mir, auf jeden Fall,
dieser Vergleich mit dem Metall.

***

Nur ein Lächeln

Ein Lächeln kann so vieles sein:
zynisch und gemein,
wie ein arroganter Hahn,
reckt den Hals, so wie ein Schwan.
Den kann sicher niemand leiden,
die meisten würden DIESEN meiden.

Ein Lächeln kann so vieles zeigen:
Darum mach es dir zu eigen;
Zeig' Nächstenliebe, Freundlichkeit,
sei zu Empathie bereit
und du wirst gleich sehen,
viele werden dich verstehen.

Ein Lächeln ist wie ein Gedicht:
zeigt Mut, Vertrauen, Zuversicht,
beweist auch deine Lebensfreude,
immerdar und nicht nur heute.
Dieses Lächeln hat man gerne,
trag es nach draußen, in die Ferne.

Ein Lächeln kann eine Seele befrei'n,
ob du allein bist oder zu zwei'n.
Ein Lächeln zeigt deinen inneren Kern,
und man hat dich auf Anhieb gern.
Dein Lächeln macht auch anderen Mut
und sie spüren auch, wie gut es tut.

***

Schaukel

Komm auf die Schaukel, Liebste,
Kuss auf Kuss, das gibste.
Fliegen wollen wir hoch hinaus,
so hoch wie unser Gartenhaus.

Immer höher, immer schneller,
hin und her, ohne Propeller.
Frei wie ein Vogel in der Luft,
berauscht von der Rose Blütenduft.

Fliege mit mir in den Himmel hinauf.
Schnell herunter und gleich wieder rauf.
Beim Auf und Ab durch die Wolken,
will ich fröhlich, still dir folgen.

Wir fliegen der Sonne entgegen,
immer geschwind und verwegen,
rauschend durch das Sonnenlicht:
„Lieber Schatz vergiss mich nicht."

Durch festes Schwingen wir uns entfernen,
immer höher, bis zu den Sternen.
Wir berühren fast den Silbermond,
der Besuch von unten ist gewohnt.

Wir schaukeln bis zu der Wolken Saum
und erleben den schönsten Schaukeltraum.
Am Himmel waren wir, über den Bäumen,
es war schön, das alles mit dir zu träumen.

***

Wurm im Herbstwind

Heute wütet der Wind und pfeift,
wirft die Äpfel vom Baum, die gereift,
wirbelt die Blätter durch die Lüfte
und verteilt der Blumen aromatische Düfte.

Er schüttelt den Baum, sieh, wie er ihn biegt,
wie seine Krone hin und her sich wiegt,
in einem Apfel, der arme Wurm,
wird durchgerüttelt bei diesem Sturm.

Er schaut mal kurz aus dem Wurmloch heraus,
hat gar keine Lust mehr an Apfelschmaus.
Es war so ruhig, die letzten Tage und Wochen,
wegen diesem Geschüttel hat er schon dreimal erbrochen.

* * *

Die Kuh
(Stanze) abababcc

Heute gehe ich aufs Ganze
und gebe nicht eher Ruh;
ich schreibe eine Stanze
über des Bauern Kuh.
Die hatte eine Romanze
und jetzt drückt sie der Schuh.
Sie steht jetzt freudig auf der Alp
und weiß: „Sie kriegt schon bald ein Kalb."

***

Trennung

Musst erst verdauen,
bist enttäuscht,
verachtest alle Frauen.
Lebst getrennt,
willst keiner mehr trauen.

Musst erst vergessen,
bist entnervt;
so vieles war gewesen,
viel Schönes auch,
doch nichts hast du wirklich besessen.

Musst erst erkennen,
musst dich der Realität stellen.
kannst davon nicht rennen,
die Hälfte deines Lebens
kannst du „verloren" nennen.

Musst erst noch suchen,
suchen, den Schluss.
Einen neuen Anfang buchen
und mutig, wieder lebensfroh,
nach neuer Liebe rufen.

* * *

Quak, quak

Die Frösche im Teich,
dort ist ihr Reich.
Sie quaken ständig und laut,
suchen eine Fröschin zur Braut.

Kein Tier quakt wie ein Fröschlein,
kein Hamster und kein Wildschwein,
kein Nashorn und kein Murmeltier,
kein Säufer nach dem zwölften Bier.

Und auch kein Storch beim Fröschejagen.
Da muss er jämmerlich versagen,
er kann nur klappern und das laut,
dass kein Frosch mehr sich zu quaken traut.

Im Frühling gibt es Froschkonzert
mit künstlerischem Stellenwert,
da gibt's Tenöre und den Bass,
da wird manch Opernsänger blass.

So ist es in der Frösche Welt.
Sie können, was manch anderem fehlt.
Im Frühling singen sie im Chor,
beim Teich, in Moos und Moor.

Der Storch mag sie als Lieblingsspeise
und pirscht sich an, ganz leise.
Könnt' er statt klappern quaken,
hätt' er's viel leichter mit dem Fröschejagen.

* * *

Männergrippe

Corona-Virus überall.
Ich kann's schon nicht mehr hören;
Menschheit geimpft auf Knall und Fall.
Das Virus soll sich nicht vermehren.

Ich bin geimpft gegen alle Varianten.
Gegen Hühnerpest, Pocken und gegen Grippe.
Meine ganze Familie und ferne Verwandte.
Genau genommen, die ganze Sippe.

Doch jetzt, wo ich das schreibe,
kann ich euch sagen,
heut' ist's besser, wenn ich liegen bleibe,
schwerste Kopfschmerzen hab' ich seit Tagen.

Mein Hausarzt, ein erfahrener Kenner;
Sein Gesicht wirkt bedenklich und ernst:
„Um Gottes Willen, die gefährliche Grippe für Männer,
da wird's Zeit, dass du ein Abschiedsgebet lernst"

Mit Männergrippe ist nichts zu vergleichen:
Der Schweiß bricht aus, der Körper vibriert,
schwerste Krankheit von Armen und Reichen,
die aber nur bei den Männern grassiert.

Sie haut den stärksten Grizzly aus den Socken,
mit Wadenkrämpfen und Delirium.
Du siehst dich im Spiegel zu Tode erschrocken.
Da hilft nur noch ein starkes Narkotikum.

Das Fieber steigt bei dem Höllentrip,
du schreibst schon an deinem letzten Willen,
dein Körper brennt, macht nimmer lang mit,
diese Grippe kann Männer killen.

Schon mancher wurde Opfer dieser Grippe.
Mir wird vielleicht das Schlimmste erspart.
Ich springe dem Teufel noch von der Schippe.
Das gelingt nur Kämpfern, die besonders hart.

***

Stress

Schaffen, sparen, plagen, rennen,
trotz Gewinn sich doch nichts gönnen!
Ist denn das schon Geiz zu nennen?

Die Frucht des Fleißes ist der Gewinn,
das Geld geht ein, geht her und hin,
man braucht es halt, damit man lebt,
nach immer mehr man aber strebt.

Du hast gespart, schaffst dir was an,
ein Haus mit Garten nebendran;
und weiter wird gefordert Fleiß,
denn so ein Haus hat seinen Preis.

Ständig unter Leistungszwang,
wer hält das aus und wenn, wie lang?
Das alles an den Nerven zehrt,
das geht nicht gut, das ist verkehrt.

Warum denn auf das Unglück warten,
ruh' dich doch aus, in deinem Garten.
Schone Nerven, Kreislauf und das Herz,
das schützt dich so vor manchem Schmerz.

***

Tomaten

Bei uns in den Bergen ist's zu kalt,
da werden die Tomaten nicht rot.
Hab' ihnen Witze erzählt von Liebe und Tod,
doch sie wurden nicht rot.

Danach dann ein Gewächshaus gebaut,
um die Sonne darin aufzufangen.
Zehn Pflanzen standen an Tomatenstangen,
bald sogar mit Tomaten behangen.

Tomaten sind für die Ernährung wichtig,
aber erst, wenn sie errötet sind,
das weiß heutzutage jedes Kind,
und hilft auch mit, wenn die Ernte beginnt.

Aus Tomaten macht man Salat.
Man kann sie aber auch füllen.
Für die Suppe kann man sie enthüllen,
um so seinen Hunger zu stillen.

Du wirst ja rot wie 'ne Tomate,
sagte zu Guido die Bernadett',
er war zu ihr heute besonders nett,
denn er dachte an ihr Himmelbett.

In der Politik ist die Tomate unbeliebt,
weil man auf dem Anzug die Flecken gut sieht.
Den Politikern geht's an die Nerven,
denn man kann auch mit Tomaten werfen.

Vor der Tomate zieh ich den Hut,
denn sie ist für fast alles gut,
besonders unter dem Käse,
den man streut über die Bolognese.

***

Hey Du

Hey Du,
lass die Hand da weg, gib Ruh',
fass' mich nicht an, schon wieder,
lass die Hand aus meinem Mieder.

Hey Du,
bei jedem Kuss, da packst Du zu;
greifst stets nach meinem Busen,
statt erst einmal mit mir zu schmusen.

Hey Du,
Du Sexprotz, Du Filou:
Mich benutzt man nicht, oh nein;
ich will Dein Sexobjekt nicht sein.

Hey Du,
schau her und hör' mir zu:
„Willst Du mit mir genießen Lust,
Du vorher mich erobern musst!"

„Wenn Du mich streichelst, zärtlich bist,
mich an Dich drückst und dann mich küsst,
dann fliegt mein Herz Dir zu,
dann lieb' ich Dich,
Hey Du!"

* * *

Mückenstich

Ist dir das schon passiert,
legst dich zu Bett, ganz ungeniert,
bist müde nach des Tages Pflicht
und löschst zum Schlafen dann das Licht.

Gleich streift dich dann ein schöner Traum,
der dich entführt in Zeit und Raum,
du fühlst dich wohl, fällst tief hinein,
dann sticht dich was am linken Bein.

Das reißt dich aus des Traumes Mitte,
dann noch ein Stich in Nähe Rippe.
Weit weg hörst du 'nen Helikopter brummen,
doch dann bleibt nur noch leises Summen.

Etwas landet auf deinem Ohr
Kam dir sowas auch schon vor?
Du schlägst ganz kräftig mal danach,
mit dem Erfolg: Jetzt bist du wach!

Mach's Licht wieder an und jage sie!
Erschlage das brummende Fliegenvieh!
Gewinne schnell, dann, diese Schlacht,
sonst schläfst du nicht, die ganze Nacht.

* * *

Leuchtturm

Stürmisches Meer,
tosende Wellen.
Schiff schaukelt hin und her,
große Gefahr zu zerschellen.

Noch Meilen zur Küste,
Meilen zum Land,
Meeresgott hat Gelüste,
Mannschaft in schwerem Stand.

Vor uns lauert das Riff.
Hohe Wellen schlagen
machtvoll über das Schiff.
So geht es seit Tagen.

Kein Leuchtturm
weit und breit zu sehen.
Monsterwellen und Sturm,
wie lang können wir's überstehen?

Dunkelheit ringsherum,
Kampf gegen die Natur.
Steuermann bleich und stumm,
kämpft weiter mit Bravour.

Brüllend wütet Poseidon,
doch er bekommt uns nicht.
Wir schreien ihn an voll Hohn.
Sehen vor uns ein kleines Licht.

Auf Kurs, dem Licht entgegen!
Leuchtturm in Sicht!
Sturm, Wogen und Regen,
und auch Poseidon, besiegen uns nicht.

Des Leuchtturms Blinken
lässt uns wieder hoffen,
dass wir nicht sinken;
Tor in den Hafen ist offen.

Dieses Licht rettet Leben
auf weite Sicht.
Sein Schein hat Hoffnung gegeben;
wir fahr'n in den Hafen mit strahlend Gesicht.

***

Flohlatein

Es war einmal ein Floh,
der sprach so gern Latein.
Darüber war er froh,
doch eines war gemein:
„Verstehen konnt's kein Schwein!"
So ließ er dann sein Flohlatein,
einfach wieder sein.

***

Fünfzeiler
(nicht immer ernst gemeint)

Der Mann ist der Herr der Schöpfung.
Er kann machen, was er will.
Doch es ist absolutes Faktum:
Nach vielen, vielen Ehetagen
vergisst er nie, seine Frau zu fragen.

Das Schöne ist, bei einem Kuss,
dass man dabei schweigen muss,
weil die Lippen fest sich saugen.
Dann weiß gleich der Küssekenner
das wird jetzt ein Dauerbrenner.

Die Frau, sie sitzt allein,
in ihrem trauten Heim.
Der Mann, der war auf Reisen.
Er traute sich nicht mehr heim,
das war leicht zu beweisen.

In einer Ehe teilt man sich das Leid,
freut sich, dass man ist zu zweit.
So verdoppelt man das Glück.
Zusammen erleben, doppelte Freude,
Ergebnis: Zwei zufriedene Eheleute.

***

Mein erster Ski-Tag

Der Wecker rappelt grell,
ich seh', es ist schon hell.
Das ist zu früh, das muss nicht sein
und dann schlaf ich wieder ein.

Erst duschen und danach
war ich schon wieder wach.
Dann wird mir auf einmal klar,
dass ich heut' erstmals auf Skiern fahr.

Durchs Fenster seh' ich Sonnenlicht
und habe Zweifel im Gesicht.
Die Skiausrüstung, die ist neu,
weshalb ich mich auf's Skifahren freu'.

Und jetzt hinein, in die Klamotten,
da könnte schon so mancher spotten,
ich höre den Spott schon erschallen,
und bin vor Schreck gleich hingefallen.

Doch meine Freude ist ungebrochen groß,
denn heute geht's mit Skifahren los.
Eines kann ich nicht verstehen,
in diesen Schuhen kann doch keiner gehen.

Als mein Freund kam, um mich abzuholen,
da grinste der schon ganz verstohlen:
„Nur Mut, ich mach' das schon seit Jahren,
die Schuhe sind schon gut zum Fahren."

Bei der Bergbahn kamen mir Bedenken:
„Wie kann man dieses Ding denn lenken?"
In mir drin Gedärme toben,
hoffentlich sind wir bald oben.

Oben am Rand stehe ich dann benommen:
„Wie soll ich denn hier runterkommen?"
Ich denk' an den Sommer auf den Kanaren,
bekomme einen Schubs und bin am Fahren.

Oh, Schreck, erschrak ich wie noch nie:
„Hurra, ich fahr Ski."
Kaum hatte ich das ausgesprochen,
da war die Fahrt schon unterbrochen.

Man stellte mich wieder auf die Bein'
und ich, ich fand das sehr gemein,
doch diesmal konnte ich's schon besser,
ich fühlte mich schon viel, viel kesser.

Ich jubelte vor Freude laut,
doch dann bekam ich Gänsehaut,
denn ich fuhr plötzlich immer schneller,
ruderte mit den Händen, wie ein Propeller.

Jetzt kommt eine Kuppe, die muss ich noch schaffen,
um mich herum alle Skifahrer gaffen.
Ich flieg durch die Luft, drehe Salto mortale
und bin dann hart auf die Piste gefalle.

Die Ski flogen danach noch höher als ich,
dann fuhren sie weiter, ohne mich.
Ich lag am Boden, hatte Schmerzen
und keine Freude mehr im Herzen.

Ski-Fahren, so ein Scheiß,
ich lag jammernd auf dem Steiß,
wollte aufsteh'n, doch es blieb beim Versuch;
vom Ski-Fahren hatte ich jetzt genug.

Mit dem Rettungsschlitten den Berg hinab.
Ich lebe noch, doch es war knapp.
Im Krankenhaus, dann der Diagnose-Spruch:
„Kreuzbandriss und Schienbeinbruch."

Sechs Wochen dann im Krankenhaus,
das sah für mich wie Urlaub aus.
Den nächsten Winter werd' ich dritteln
in Wandern, Schlittschuhlauf und Schlitteln.

***

Fliegenbiest

Ich saß im warmen Gartenhaus
und jagte dort die Stechmücken raus.
Aber eine heimtückische Mücke,
die schaute mich an mit bösem Blicke.

Es war bestimmt ein Mückenmann,
dessen Stachel ganz schön weh tun kann.
Das weiß ein jeder Kenner dieser Mücken,
ein solcher Stich ist kein Entzücken.

Die Haut schwillt dann ganz mächtig an,
in der Mitte ein Krater wie beim Vulkan;
aus dem Krater saugte er mein Blut
denn es schmeckt ihm sehr gut.

Obwohl ich diesen Krieg nicht wollte,
kam es gleich zu der Revolte.
Wie eine Kampfmaschine flog er an,
zum Großangriff, Mann gegen Mann.

Dieses blutrünstige Stechmückenbiest
hat in die Wange mich gepikst
und gleich wuchs auf der Wange an,
der Einstichkrater mitsamt dem Vulkan.

Jetzt reichte es mir und ich sah rot.
Jetzt wollt' ich nur noch dessen Tod.
Während der Jagd, in derselben Stund'
flog er einem Breitmaulfrosch in den Schlund.

Und was kann man lernen daraus?
„Lass' die Mücken im Gartenhaus;
setze einen Breitmaulfrosch hinein,
der schafft sie dann alle ganz allein!"

***

Nachtwanderung

Über Wiesen, Auen und Wälder
bringt mein Weg mich hinauf.
Es wird frisch und etwas kälter,
die Sonne geht unter, der Mond geht auf.

Die Schar der Sterne zeigte sich
am dunkelblauen Himmelszelt.
Wehmut kommt langsam über mich,
wie schön ist doch unsere Welt.

In den Bergen herrscht still die Nacht,
mich durchströmt ein Friedensgefühl,
himmlische Ruhe, für mich gemacht.
Es wird mir heiß, obwohl es kühl.

Tief geht mein Atem durch die Brust,
strömt wie eine Lebensquelle,
erweckt in mir große Lebenslust
und ich stehe hier auf der Stelle.

Rings um mich herum
sehe ich nur Frieden.
Die Nacht ist klar und stumm,
klare Mondnacht schenkt mir Vergnügen.

Selige Stille kehrt bei mir ein,
von Sorgen und Nöten befreit,
ich fühl' mich wohl, so möchte ich sein,
fern von Lügen und fern von Streit.

* * *

Der soziale Tod
(Drama)

Einsam, verlassen, allein.
Alt, dahinsiechend, unwichtig, klein.
Vergessen im Großstadtgetto, in Seelennot.
Unbeteiligt am Leben; sozial also tot.

Alte Menschen, ohne Familienband,
stehen am Abgrund, außen, am Rand;
zitternde Hände, zerfurchtes Gesicht,
sozial schon tot und sie wissen es nicht.

Die Hoffnung, sie bleibt neben Einsamkeit,
kurze Freude, empfangsbereit:
„Mich besuchen bestimmt die Kinder!?"
Doch wieder vorbei sind Sommer und Winter.

Suizidversuch, letzter Hilfeschrei,
verhallt im Nichts, im entseelten Einerlei.
Ungehört, ungeachtet, vergessen,
sind sie nicht auch mal Menschen gewesen?

Vor dem Sterben ist ihnen längst nicht mehr bang,
doch das Warten darauf, es dauert zu lang.
Vom Leben vergessen, ganz allein:
„Soll das Sterben des Lebens Höhepunkt sein?"

* * *

Ich ließe mich

Ich ließe mich so gerne treiben,
von Wogen des Gefühls im Wind,
Seelen aneinander reiben,
bis sie eins geworden sind.

Ich ließe mich so gerne fallen,
in abgrundtiefe Liebeslust,
wo Körper aufeinanderprallen
und seufzen tief aus Herz und Brust.

Ich ließe mich so gern mal gehen,
ohne Ketten, Normenzwang,
um die Wirklichkeit zu sehen
und wenn auch nur Sekunden lang.

Ich ließe mich so gern auch führen,
sicher aber nur von dir.
Wenn unsere Herzen sich berühren,
tu, was du willst, doch tu's mit mir.

Ich ließe mich so gern verwöhnen.
Ja, doch von wem, ich bin allein,
vor Lust und Wonne würd' ich stöhnen,
doch hier versagt mir fast mein Reim.

Ich lasse jetzt das Sehnsuchtsschwärmen,
was ich würde und nicht bin.
Kein Herz kann ich damit erwärmen,
nur Träumen, das macht wenig Sinn.

* * *

Vorstellung

Die Tochter stellt den Freund,
von dem sie Tage und Nächte träumt,
ihrer Mutter vor und die fragt ihn aus:

„Junger Mann, haben sie Laster oder so?
Schließen sie den Deckel auf dem Klo
und wie gehen sie um mit Geld?"

„Gnädige Frau, Geld ist nicht die Welt,
weil mir ihre Tochter so gefällt,
und die Toilette halte ich sauber!"

„Wie steht's mit Frauen in ihrem Leben,
oder gar mit Alkohol, dem Saft der Reben.
Haben Sie Geld, meine Tochter zu ernähren?"

„Gnädige Frau, ich liebe ihre Tochter allein,
ohne Alkohol kann ich jederzeit sein
und Geld, uns zu ernähren, werde ich immer haben."

„Ein Laster, gnädige Frau, das es bei mir gibt:
Ich lüge manchmal, wenn man auf mich Druck ausübt."

***

Versuch

Warum schreibe ich ein Gedicht?
Ich frage mich: „Soll ich oder soll ich nicht?"
Dann schweb' ich auf des Poeten Wolke
und überlege mir des Reimes Folge.
Da kenne ich keine Norm.

Das Thema kann ich oft nicht greifen,
es muss in meinem Hirn erst reifen.
Wenn ich beginne es zu ahnen,
dann kann ich anfangen mit Planen
und langsam komme ich in Form.

Sind die Verse schnell erdacht,
dann schreibe ich bis in die Nacht.
Ich schreibe meistens liebevoll,
weil das Werk was sagen soll.
Notfalls wird das dann vertagt.

Doch manchmal packt mich auch die Wut,
hab' viel geschrieben, doch nicht gut.
Ich komme in einen Gefühlszustand,
in dem das Geschriebene meist verschwand.
Dann habe ich versagt.

Ich schmeiße bis zum letzten Reim,
alles in den Papierkorb rein.

* * *

Dorfkind

Fragt man Kinder in der Stadt,
fragt man mal kreuz und quer herum,
man hört tatsächlich die Meinung, glatt,
dass die Dorfkinder seien dumm.

Das nehmen die Kinder vom Dorf nicht hin,
sie stellen sich dagegen mit Stolz,
weil die Aussage doch total ohne Sinn.
Wir haben auch keine Köpfe aus Holz.

Wir wissen, dass es keine lila Kühe gibt,
dass der Steinadler nicht aus Stein gehauen,
der Steinbock keine Ziegen liebt.
Wir kennen im Nachbardorf alle Frauen.

Wir kennen den Nachhauseweg nach dem Saufen,
dass man den gelben Schnee nicht isst,
können den Weg zur Schule laufen,
und dass man die Leute im Dorf auch grüßt.

Wir kennen den Duft von frisch gemähtem Heu,
wir wissen, wo unsere Eishalle ist,
warum der Rothirsch ist so scheu,
dass man am Elektrozaun nicht pisst.

Wir wissen, dass man Fliegen mit 'nem Glas fangen kann
und wie man den größten Traktor fährt, geschwind,
wie man ein Töff frisiert und dann
noch den Unterschied zwischen Kuh und Rind.

Wir wissen, die Kuh gibt keine Milch in Tüten,
wie wir an die leckersten Äpfel kommen ran,
für den Nachbarn wir das Haus behüten,
kennen Orte, an denen man uns nicht finden kann.

Wir kennen den Hühnerstall mit den dicksten Eiern.
Alle Hunde im Dorf sind uns vertraut,
wir wissen, wo man was abbekommt bei Familienfeiern
und dass man ein Mädchen niemals haut.

Wir öffnen Bierflaschen mit den Zähnen,
in der Kreisliga spielt unser Verein,
Bundesliga ist lang schon zum Gähnen.
„Ich bin glücklich, ein Dorfkind zu sein."

* * *

Xanthippe

Xanthippe hatte Grippe,
danach auch die ganze Sippe.
So sagte Sokrates, ihr Mann:
„Dann zieh' dich wärmer an!"

* * *

Der Mond

Der Mann im Mond ist dort oben allein.
Wird er das in hundert Jahren noch sein?
Kurzen Besuch hatte er ja schon,
aber er sitzt noch ruhig auf seinem Thron.

Wie wir heute meinen,
liegt dort alles voll mit Steinen.
Was wollen wir in dieser Steinwüste?
Suchen, nach einer steinernen Büste?

Wenn es da oben regnet,
und man sich dort im Regen begegnet;
regnet es dort dann von unten?
Hab dazu noch keine Lösung gefunden.

Sind die Wolken unter dem Mond?
Wird der Mond von Schnee verschont?
Gibt es dort Winde oder gar Stürme?
Gibt es dort Städte und hohe Türme?

Als man dort gelandet war, vor Jahren,
was hat man dort von dem Mondmann erfahren?
Kann man da spazieren gehen?
Haben die den Mann im Mond überhaupt gesehen?

Wie soll ich dort atmen durch die Lungen,
fragen sich die Alten und die Jungen.
Ich sage jetzt mal ganz schroff,
dort gibt's ja nicht mal Sauerstoff.

Wo unsere Erde doch so schön,
was wollen wir denn in diesen Höh'n?
Da oben gibt es keine Atmosphären,
würde mir jemand das alles mal erklären?

***

Zeit

Ich lege mein Ohr ganz sanft an die Zeit,
Tick, tack, tick, tack, kann ich nicht hören,
aber ich höre, wie sie vergeht und schreit.
Sie wandert weiter, lässt sich nicht stören.

Sie lässt sich messen, festlegen,
nur, sie lässt sich nicht anhalten.
Ist sie Fluch oder Segen?
Darin fühlen wir sehr gespalten.

Ich halte sie an und stoppe die Uhr
messe einen Zeitabschnitt, das ist real.
Sie wandert unaufhaltsam weiter, stur.
Messe ein Jahr, eine Epoche, vollkommen egal.

In der Zeit steckt Unendlichkeit.
Tag, Abend, Nacht und Morgen,
sind endliche Teile dieser Zeit.
Zusätzliche Zeit kannst du nicht borgen.

Dir, Mensch, gehört nur eine Zeitspanne.
Sie ist dir geschenkt bis zum Ablauftag.
Wirst vom Kind zu Frau oder Manne,
schon so mancher am Ende erschrak.

Raum und Zeit sind unendlich,
wir mittendrin, unsichtbar klein.
Unsere individuelle Zeit ist endlich
und nicht messbar, allgemein.

Am Universum gemessen, im Vergleich:
„Wie ein Wassertropfen auf dem Tisch,
der verdunstet ist, sogleich,
so kurz ist unser Leben, bis es erlischt!"

Du, Mensch, sei zum Leben bereit.
Hinterlasse Spuren, fang etwas an,
denn du hast wenig Zeit!
Schaffe und bete dein kurzes Leben lang.

* * *

Der Floh und die Laus
(Ballade)

Sie saßen schlafend Stund' um Stund'
in dem Fell, bei einem Hund.
Doch das war eine Hundedame,
„Blümchen" war ihr Hundename.

Und bald kam es zum Großmalheur:
Sie war unterwegs zum Hundefrisör.
Sie wurde frisiert und auch geschminkt,
was den beiden im Fell mächtig stinkt.

Als das Fell dann auch noch wird gekürzt,
da schrie die Laus zum Floh, bestürzt:
„Schnell heraus, ein Sprung ins Leere,
denn da kommt jetzt eine Schere."

Beide sprangen mit großem Satze,
und landeten auf einer Männer-Glatze.
Das war nicht grad die beste Wahl,
denn eine Glatze ist halt kahl.

Weil dieser Kopfteil nicht behaart,
suchten sie weiter, fanden den Bart.
Der war wohlig, dicht und warm,
da schrie der Floh: „Oh Gott, erbarm!"

„Was ist denn los, mit diesem Mann,
der hat ja Motorradkleidung an!
Der wird doch nicht bei dieser Kälte,
Motorrad fahren in Bälde?"

„Es ist Winter, weiß der das nicht,
den zerren wir vors Tierschutzgericht!"
Und schon die Fahrt durch Kälte beginnt,
und durch den Bart blies der kalte Wind.

Die Laus und der Floh,
waren nicht mehr froh.
Sie wärmten sich eng umschlungen
doch die Erwärmung ist nicht gelungen.

Und so konnte es dann passieren,
dass die beiden mussten erfrieren.
Man kann lernen daraus, sofort:
„Motorsport ist Doppelmord!"

* * *

Frühlingsappell

Hallo Mensch, ich bin der Frühling,
kannst mich erkennen in jedem Schmetterling.
Ich nehme euch die Dunkelheit,
verzaubere die Natur mit buntem Kleid.

Die Kälte des Winters brechen ist meine Pflicht,
zu verwandeln die Kälte, in Wärme und Licht.
Die kahlen Bäume färbe ich grün
und ich mache, dass sie bald wieder blüh'n.

Keine Jahreszeit ist von Dauer.
Die Sonne scheint über Berg und Mauer,
die Eisheiligen sind die letzte Gefahr,
die euch erinnert, dass es Winter war.

Jetzt müsst ihr säen, was im Sommer soll reifen,
ernten müsst ihr, wenn die Vögel noch pfeifen.
Schafft alles nach Hause für Eltern und Kind.
Denkt daran: „Der nächste Winter kommt bestimmt!"

* * *

Meine Leidenschaft

Meine Leidenschaft,
die auch schonmal Leiden schafft,
ist das Lesen und das Schreiben,
zeitweise lass ich es auch bleiben.

Ich schreibe am liebsten in meinem Büro,
in anderen Räumen geht's ebenso.
Es funktioniert auch bei Tag und Nacht,
da habe ich manches Werk schon vollbracht.

Nachts, da fällt mir manchmal ein,
den Vers sollt' ich ändern, das muss sein.
Am folgenden Morgen, wiederum,
da fehlt mir die Erinnerung.

Dann aber wieder, in der Küche,
da brachten mir all die Gerüche
meine Nachtgedanken in den Kopf,
gerade, als ich stand am Hähnchenbratentopf.

Ich ließ das Hähnchen kurz im Stich,
das geht ja schnell, so dachte ich.
Doch, weil ich mich länger weg befand,
war danach mein Hähnchen schon verbrannt.

***

Geh raus

Gehe raus in die Natur,
wirst vieles noch nicht kennen,
musst dich von der Stube trennen,
gehe raus, in Wald und Flur.

Geh raus und hör des Vogels Lied,
des Auerhahns Gezeter,
der sich verhält wie ein Sonnenanbeter,
wenn er den Liebestanz vollzieht.

Geh in den Wald,
schau nach dem Hirsch und dem Reh.
Schau nach des Waldes Fee,
sieh dir an, des Waldes Vielfalt.

Geh über die Wiesen, ganz leise.
Höre auf, dein Leid zu klagen.
Die Natur hat dir so viel zu sagen;
sie sagt es, auf ihre Weise.

Sieh an, die lustigen Gesellen,
schau das Alpenmurmeltier,
lustig sich balgen der Jungen vier.
Sieh am Bach die Forellen.

Du siehst all diese Glücksmomente,
suche dein Glück in der Natur
und lerne deine Partitur.
Werfe über Bord, was dich trennte.

***

Weihnacht (2022)

Frost und eisiger Wind
ein ganz klares Zeichen sind,
dass jetzt da ist, die kalte Zeit,
wo es in dicken Flocken schneit.

Frohe Weihnacht, grüßt man sich.
Denn jetzt wird es bald feierlich,
bald geht ans Ende der Dezember,
das heißt Weihnacht für viele Länder.

Große Freude in manchem Gesicht,
es leuchtet abends das Weihnachtslicht,
in Dörfern und Städten hell und klar.
Jedes Kind weiß, Weihnacht ist da.

Frieden auf Erden,
Glocken an Schlitten klingen werden
und immer wieder
singt man frohe Weihnachtslieder.

Wieder kommt die Flut an Geschenken,
jeder will an jeden denken
und leider gibt's in der Weihnachtszeit
deswegen in so mancher Familie Streit.

Weihnacht, als schönste Zeit einst auserkoren;
dieses Gefühl ging leider verloren.
Wir denken nur ans Schenken
ohne an Jesu Geburt zu denken.

Er kam zu uns, unsere Sünden zu büßen
und wir leben nur in ständigen Krisen.
Durch Ukrainekrieg in diesem Jahr
sind Schmerzen und Leiden offenbar.

Stille Nacht, heilige Nacht,
überall in der Welt die Bombe kracht,
das Weihnachtsgefühl vermiss ich deswegen
und erhoffe zur Weihnacht den himmlischen Segen.

***

Veränderungen

Kleine Buben spielen gern,
spielen mit Soldaten,
kleine Mädchen nah und fern,
woll'n nur Puppen haben.

Nach 10 Jahren

Große Mädchen spielen gern,
gerne mit Soldaten,
große Buben nah und fern,
woll'n nur Puppen haben.

Nach 20 Jahren

Reife Buben spielen gern,
gern an Automaten,
reife Frauen nah und fern,
wollen die Gewinne haben.

Nach 40 Jahren

Verheiratete Männer spielen gern,
gern mit fremden Damen,
Ehefrauen nah und fern,
wollen die Scheidung haben.

***

Unwettergewalt

Gott schickte die Sintflut
mit Urgewalt
über die gottlose Menschenbrut;
was als Erziehungsmaßnahme galt.

Das wurde verbrieft vor langer Zeit:
Regen, Regen, Weltuntergang!
Er hat das Gute vom Bösen geteilt,
vor Katastrophen ist den Menschen bang.

Meere von Wasser
aus dem Himmel fallen,
Donner und Blitze noch viel krasser,
als würden Welten aufeinanderprallen.

Berge lässt er Feuer speien,
begräbt unter Asche so manche Stadt,
es bleibt nicht mal mehr Zeit zum Schreien,
wenn Gott mal die Menschen hat satt.

Er bricht unser Allmacht-Gehabe,
zwingt uns mit Gewalt in die Knie,
hört nicht mehr unsere Klage,
nimmt keine Rücksicht auf alle Elegie.

Er zeigte den Menschen auf der Welt,
wie machtlos sie doch sind.
Unser Verhalten ihm nicht mehr gefällt,
viele von uns sind gottlos und blind.

Unser Umweltverhalten ist inakzeptabel.
Er schickt uns schon extreme Wetter;
schwere Unwetter, ganz miserabel
und alle schreien nach einem Retter.

***

Traum-Erlebnis

Mit dem falschen Bein aufgestanden,
das andere kam dann mit, weil vorhanden.
Mit dem Bauch auf den Rücken gefallen.
Eine Kuh ließ laut ihre Stimme erschallen.

Ich ging hinaus auf allen Vieren;
aus dem Haus und verschloss die Türen.
Stolperte über Wald und Flur
und was ich da sah, erstaunte mich nur.

Einer brüllenden Kuh,
oben im Baum sah ich zu.
Ich möchte darüber auch nicht witzeln,
ich sah sie in einem Kuckucksnest sitzen.

Neben ihr saß ein scheues Reh,
ich glaubte, dass ich nicht recht seh'
und neben beiden, im Damensitz,
blökte ein Steinbock-Kitz.

Als wollten sie mein Erstaunen besiegen,
machten sie sich auf, um wegzufliegen.
Da flogen heran noch zwei Rentierkinder,
na ja, ist doch klar: Wir haben Winter.

Ganz ergriffen von dem Erlebten,
spürte ich, wie meine Innereien bebten.
Und als dann alle sind fortgeflogen,
hab' ich tief die Waldluft eingesogen.

Als dann noch anflog ein Straußenpaar,
dann war für mich nichts mehr sonnenklar.
Sind die jetzt wirklich weggeflogen,
dann war das Wahrheit, Traum oder erlogen?

* * *

Pessimisten

Pessimist ist schlechthin Frau oder Mann,
denen nichts gut genug sein kann.
Sind mies gelaunt und zu guter Letzt,
wenn man's gut meint, sehr verletzt.

Alles im Umfeld ist schlecht,
so behaupten sie selbstgerecht.
Ärgern sich über die Fliege an der Wand
das bringt sie außer Rand und Band.

Am liebsten würden sie gleich sterben,
doch da freuen sich nur die Erben.
Auf ein schönes Begräbnis sind sie sehr erpicht,
doch das erleben sie dann nicht.

* * *

Pleite

Verdammt, ich bin pleite;
weg ist all mein Geld.
Jetzt hat es die Spielbank
und ich bin blank.

Abgebrannt bis auf Hemd und Hose,
esse nur noch Suppe aus der Dose,
wie das an meinem Selbstwert frisst,
jetzt spür ich, wie lange ein Monat ist.

Erst am Monatsende gibt's wieder Geld,
ich fühle mich wie ein trauriger Held.
Gehe zu meiner Hausbank hin,
die sagen mir nur, dass ich im Minus bin.

Minus mit dem Gehalt ausgleichen,
dann wäre die Schwarze Null zu erreichen.
Wenn meine Bank die Miete nicht zahlt,
dann werde ich gleich wieder angemahnt.

So gehe ich eben zum Pfandhaus hin,
verkaufe die Gitarre und meinen Ring.
Der Betrag ist gering, den sie mir geben,
reicht gerade zum Überleben.

Also bleibe ich abends zu Haus,
und gebe keinen einzigen Rappen aus.
So eine Dummheit, ermahnt mein Zeigefinger.
Zur Spielbank gehe ich nie und nimmer.

Zu holen Gitarre und goldenen Ring,
ging ich nie mehr zum Pfandleihhaus hin.
An dieser Stelle sei erwähnt:
Ich habe mich dafür zu sehr geschämt.

Ich habe gelernt aus dieser Dummheit,
das wusste ich mit absoluter Klarheit
und sage es euch in diesem Gedicht:
Mit echtem Geld da spielt man nicht!

* * *

Klaus-Bärbel

Du nennst mich Schnucki und Spatz
in einem einzigen Satz,
dann sagst Du Bärchen und Lämmchen,
mein Saubermännchen;
ich werde vor Wut im Gesicht ganz weiß,
weil ich doch nun mal Klaus-Bärbel heiß'.

Du nennst mich Hasilein und Purzel,
vor meinen Freunden sagst Du Furzel,
auch Kopfkissenzerwühler und Tintenfisch,
Affenschwänzchen finde ich lächerlich;
da hab' ich oft schon die Haar' mir gerauft,
man hat mich nun mal Klaus-Bärbel getauft.

Du nennst mich Dicker und auch Moppes,
Schwabbelbäuchlein, Stoppes,
Stinkerchen und Lämmerschwanz,
wilder Bulle, Pleitepanz,
manchmal nennst Du mich auch Rüsseltier,
doch Klaus-Bärbel sagst Du nie zu mir.

Und haben wir Verdruss,
nennst Du mich taube Nuss,
und hab' ich Dich geärgert mal,
nennst Du mich stinkender Schakal;
ich muss es wohl ertragen:
Du wirst nie Klaus-Bärbel zu mir sagen.

***

Julischwüle

Über den Dächern, hitzeflimmernd,
steht still die glühende Luft.
Die Menschen sind in kühlen Zimmern,
das Hündchen ist leise am Wimmern,
sein trockener Hals, nach Wasser ruft.

Eine kleine Wolke bedeckt kurz die Sonne,
das lindert die schwül drückende Qual,
ein kühler Lufthauch, sorgt für kurze Wonne,
in des Baumes Schatten eine Ameisenkolonne,
ein vertrockneter Wurm ist heut' ihr Mahl.

Vor'm Haus, der Brunnen, plätschert sein Lied
in langsam, monotonem Tackt.
Wenn nur die Quelle nicht versiegt;
ein Rotschwänzchen zur Tränke fliegt,
der Specht im Schatten der Bäume hackt.

Unter einer Fichte im Schatten,
sitzt Mama Schaf mit ihrem Lamm.
Spatzen führen laute Debatten,
über die Schwüle, die wir lange nicht hatten,
eine Ente kopfunter im Gartenteich schwamm.

Alle haben schwer gelitten,
der Mensch genau wie die Tiere.
Über das Wetter wird immer gestritten;
es ist, wie es ist, da hilft auch kein Bitten.
Nutzlos, dass ich es kritisiere.

* * *

Liebe

Die Rose liebt die Biene,
der Egon liebt Christine.
Nachtigall liebt den Abendstern
und Papa hat die Mama gern.

Der Schmetterling, schon hundertmal,
liebt den goldenen Sonnenstrahl.
Die Sängerin liebt heimlich nur
ihre gut erhaltene Figur.

Im Dorf, der kleine Dackel,
kommt an mit viel Gewackel.
Er liebt, jedoch mit wenig Sinn,
eine Riesen Schnauzerin.

Man sieht, die Grossen und die Kleinen,
auch die, mit krummen Beinen,
sie brauchen alle Liebe.
Nur Diebe brauchen Hiebe.

* * *

Morgenstille
(Blockreim oder umarmender Reim)

Das Dorf liegt in tiefem Schweigen,
kein Laut ist zu hören.
Schleiereulen sich im Gleitflug zeigen,
die Erlen sich vor ihnen verneigen,
keine Laute, die hier stören.

Der Mond hängt in Wolken, friedlich und stumm.
Der Nebel quillt sanft aus dem Bach,
eine Hummel mit leisem Gebrumm
um drei schlafende Bienchen herum
doch das Fledermäuschen wurde wach.

Des Morgens Grau begrüsst die Tanne,
im Wachholder verfängt sich des Nebels Tau,
der Mond lächelt mit erstem Vogelsange,
im Gras versteckt sich eine winzige Schlange.
Der Tag erwacht mit einem sanften Blau.

Totale Ruhe hängt in der Luft,
der Kirschbaum zeigt sich in Blütenzier,
der Löwenzahn versprüht gelben Duft,
der Fuchs schleicht sich davon, wie ein Schuft.
Der erste Sonnenstrahl sich in der Stille verliert.

Jetzt wird es laut, am frühen Morgen,
es quaken die Enten am See.
Sie machen sich um ihre Jungen Sorgen,
die sassen zur Nacht im Rohrschilf verborgen,
streckten nur mal ihr Schwänzchen in die Höh'.

Der Wind spielt sanft mit den Binsen,
ein Fisch die Libelle heftig erschrak,
auf dem See schwimmen Wasserlinsen,
der grüne Laubfrosch ist spöttisch am Grinsen,
er freut sich auf den neuen Tag.

* * *

Karottensuppe

Zwei Körner trafen sich im Sande,
die man Karottenkörner nannte.
Sie waren zu Tausend in einer Tüte,
bis ein Mensch sich dann bemühte.

Er legte sie sanft in den Boden,
die gelben und auch roten.
Diese bunte Mischung der Möhren,
durfte man jetzt nicht mehr stören.

Kaum zugedeckt unter der Erde,
gab es die erste Beschwerde:
„Ich brauche Wasser, wenn ich wachsen soll!"
Ein anderer rief: „Nimm dein Maul nicht so voll!"

„Du liegst hier in der Erde,
dass aus dir mal Möhreneintopf werde."
Ein anderer sagte unterdessen:
„Mich wird mal eine hübsche Veganerin essen."

Eine dritte Möhre rief aus der Nähe:
„Aus mir wird mal eine Möhrenwähe.
Das ist im Kanton hier ein ganz feiner Kuchen,
für den sie nur beste Möhren aussuchen."

Und als sie dann reif waren für die Ernte,
alle ab ins Wasser, das den Schmutz entfernte.
Was sie auch wollten, die ganze Truppe,
sie kamen alle in die Abteilung Suppe.

Jeder hatte eigene Flausen im Kopf,
doch sie landeten alle im Suppentopf.

* * *

Katze, Hund und Fisch

Die Mama stellte Fisch
im Eimer auf den Tisch.
Filou, der Hund, hat das gerochen
und dachte sich: „Vielleicht ein Knochen?"

Filou sprang auf den Stuhl, ganz ohne Leiter,
mit einem Hüpfer auf den Tisch, dann weiter.
Weil Wasser aus dem Eimer spritzte,
Filou dann gleich die Ohren spitzte.

Er schaute über den Eimerrand,
hielt sich fest mit seiner Vorderhand.
Dann rutschten weg, die Hinterpfoten,
schon lagen alle auf dem Boden.

Der Eimer mitsamt dem Fisch,
waren geflogen jetzt vom Tisch.
Der Kater Arni, mit Hunger und Verstand,
blitzschnell mit dem Fisch verschwand.

Als Mama kam, das alles sah,
dann war für sie der Fall glasklar.
Filou wurde erkannt als Übeltäter,
bekam dann auch eine Strafe, später.

Arni lies sich am Abend streicheln und kosen
Filou wurde stattdessen vom Sofa gestossen,
da lag er nun so ganz allein
und fand die Bestrafung hundsgemein.

***

Sehr geehrte Leserin, sehr geehrter Leser

Seit mehr als einem Jahrzehnt bin ich ein heimlicher Verehrer von Eugen Roth und seinen Werken. Besonders gefallen mir seine Gedichte „Ein Mensch".

Das Folgende habe ich vor Jahren geschrieben und immer wieder ergänzt und geändert. Der Versuch ist gescheitert. Deshalb habe ich dem Menschen den Namen „Kunze" gegeben.

Ein Mensch

Ein Mensch, der den Lebenssinn nicht versteht,
immerfort Umwege geht,
hat sich selbst als Mensch noch nicht erkannt,
ist meistens nur vor sich fortgerannt.

Das Leben zu leben,
heißt nehmen und geben,
Schablonen abbauen,
Menschen vertrauen.

Der Mensch soll sinnvoll handeln,
sich zum wertvollen Menschen wandeln,
wendet das Böse zum Guten,
kann schwitzen, nicht bluten.

Nur zur Weisheit sei sein Ziel.
Kraft und Schönheit bedeuten nicht viel.
Mensch gib alles, was in dir steckt:
hast dich jeden Tag neu entdeckt.

Suche die Freiheit in dir,
Für dich als größte Zier.
Oft verrannt,
jetzt Lebenssinn erkannt.

* * *

Hier nachfolgend einige „Kunze"-Gedichte:

Kunzes Geburtstag
(*18.1.2021),

Kunze hat Geburtstag, heute
natürlich kamen einige Leute.
Alle, Zwecks der Gratulation,
mit Gesang in lautem Ton.

Es gab nicht nur viele Worte,
sondern auch eine Geburtstagstorte,
drauf stand „Gesundheit und Glück",
schön geschrieben mit Geschick.

Diese musste er zuweilen
sauber und gerecht zerteilen.
Jedem gab er Stück für Stück
und übrig blieb das „und" und „Glück".

Das „d" hat dann einer weggegessen,
so war nur noch „unGlück" zu lesen.
Als er das „unGlück" aß dann auf,
nahm es sofort auch seinen Lauf.

Ein schlimmer Durchfall stellte sich ein,
am Geburtstagstage sehr gemein.
Worüber Kunze gar nicht lachte,
den Tagesrest in der Toilette verbrachte.

* * *

Kunzes Gesundheits-Check

Kunze kam vom Arzt zurück,
in Freude und in großem Glück.
Checkup von oben nach unten, kunterbunt,
die Diagnose lautete: „Kerngesund."

Das ist super, so kann ich nur hoffen,
ich werde nicht von einem Unglück betroffen.
Denn Unglücke drohen von allen Seiten,
das kann dir das Leben schon verleiden.

Bei dieser Denke fallen Kunze, wie gemein,
alle Unfallmöglichkeiten ein.
Denn in dem heutigen Verkehr,
ist schon das Überleben schwer.

Gefahren lauern an jeder Ecke,
von oben, ein Blumentopf bringt mich zur Strecke
oder nach einem schwülen Tag
trifft mich aus Versehen ein Blitzeinschlag.

Wasser, Eis und Feuersbrunst,
fordern Glück und Überlebenskunst.
Auch könnt' ich übersehen eine Straßenbahn,
die heute mal von hinten kam.

Oder auch ein Auto, rasend schnell
mich niederstrecken kann, ganz schnell,
das ist schlimm und ungeheuer,
wenn ein Betrunkener sitzt am Steuer.

Als Kunze stolpert und fast fällt,
stellt er ab, diese Negativ-Gedankenwelt
und er gibt sich mit Nachdruck kund:
„Hey Kunze, du bist kerngesund!"

* * *

Kunze, lebe

Kunze langweilt sich am Tage
fast zu Tode, ohne Frage.
er ist allein, sein Inneres bebt,
bedauert sich selbst, statt, dass er lebt.

Zu viele Luftschlösser gebaut,
vor jedem Problem abgehaut.
Zu schwierig war ihm jeder Steg:
„Mensch Kunze, steh' auf und leb'!"

Fühlst dich verlassen und allein.
Dann öffne die Tür, lasse jemanden rein.
So verbaust du dir jeden Weg:
„Mensch Kunze, steh' auf und leb'!"

Geh' endlich mal raus,
raus aus deinem Schneckenhaus
öffne dein Herz und geb':
„Mensch Kunze, steh' auf und leb'!"

Gehe in die Natur, atme tief durch,
verstecke dich nicht, wie ein Lurch.
Mach' einen Plan und den bestreb':
„Mensch Kunze, steh' auf und leb'!"

Vertrauen heißt das Wunderwort.
in dich selbst und auf andere hier und dort.
Selbstzweifel musst du beheben:
„Mensch Kunze, beginne wieder zu leben!"

Kunze, ich glaube, es ist geschafft,
du hast heute wieder gelacht,
ergreifst ganz oben die Früchte der Reben:
„Mensch Kunze in dir ist ja noch Leben."

Wer sich nicht aufgibt,
der wird auch mal wieder geliebt.
In Wolken wirst du dann wieder schweben:
„Mensch Kunze, das ist das Leben!"

***

Kunze und das Handwerk

Kunze ist ein Mann,
der nichts oder alles kann.
Gibt es im Handwerk schwere Fälle,
Kunze ist sofort zur Stelle.

Quietscht eine Türe mal zu laut,
hat er sie ganz schnell ausgebaut.
Das Geräusch hat ein Ende dann doch,
nur, wo die Tür war, ist jetzt ein Loch.

Kunze weiß immer genau, was er tut,
auch wegen der Tür kam er nicht in Wut.
Er holte ein Leinen aus dem Bett, ganz keck,
hängte ihn auf und das Loch war weg.

Er sang dazu noch ein Liedchen:
„Ein Vorhang kann nicht quietschen."

* * *

Kunze im Finish-Restaurant
(im Dolphin-Hotel auf Ceylon)

Urlaubsrestaurant mit Pool.
Fast jeden Abend very full.
Gast wünscht Soda, so groß wie ein Kanister.
Kellner sagt: „Sorry, we have finished, Mister!"

Kunze, müd' von Squash-Getue,
sucht nach einem Drink und Ruhe.
Bestellt sich Arak, Bier und Sprite.
Kellner: „We have finished, tut mir leid."

Frau Kunze isst Salat mit Fritten,
kommt der Kellner durch die Mitten,
sie legte kurz hin, das Besteck
„Finished, Madam?" und der Teller war weg.

Kunze lustig, unverdrossen,
strahlt über alle Sommersprossen.
Bestellt sich einen Bananen-Shake:
„At the moment finished, do you want a Cake?"

Finished, finished, alle Tage,
was ist nicht finished, war Kunzes Frage.
Eines Abends alles hier
Arak, Wasser, Sprite und Bier.

Kunzes trinken, lachen, haben Freude,
das wird ein toller Abend, heute.
Aßen Chicken, Ham und Eier,
bei dieser super Abschiedsfeier.

Kommt der Kellner mit der Bill,
fragt, ob Kunze nun zahlen will.
Die Antwort, aus Frau Kunzes Munde:
„We are Pleite seit einer Stunde,
we are finished, sind ohne Moos,
we are so sorry, aber Prost!"

***

Kunze und der liebe Gott

Kunze hat herausgebracht,
der liebe Gott gebe auf ihn acht.
Das fand er doch nicht allzu gut,
dass Gott sieht, was er so tut.

Er fand das nicht so toll und auch
und es kribbelte in seinem Bauch,
dann bat er Gott um das Vertrauen,
auch ab und zu mal wegzuschauen.

Kunze wollt dafür sich erstreben,
züchtig und christlich nur zu leben.
Der liebe Gott, der ihm dann vertraut,
hat dann nur 10 Minuten weggeschaut.

Das reichte Kunze, statt zu beten,
dem Nachbarn eine Delle ins Auto zu treten
und da der liebe Gott das nicht sah,
fühlte sich Kunze wunderbar.

Er durfte mal tun, was er nicht sollte,
das, was so lange er schon wollte.
Gott sah und hat gelächelt wegen dieser List,
weil Kunze ein normales Menschlein ist.

Auch Gott konnte mal Fehler machen,
als er den Menschen hat erschaffen

***

Kunze hat Ausgang

Kunze würde gern mal reise',
ohne Frau, so beispielsweise.
Seine Frau, die Ernestine,
fand, dass er das auch verdiene.

Es war ja nur für 1–3 Tage,
so dachte sie, ohne zu klage'.
Er versprach, auch brav zu sein
und nicht zu trinken zu viel Wein.

Denn mit zu viel Wein, das wusste sie,
verlor er gerne die Regie,
fiel mitunter aus der Rolle,
es koste, was es wolle.

Alte Freunde wollt' er besuchen.
Tat eine Fahrt nach Hamburg buchen.
Kam dort an im Freundeskreis.
Fotografierte die Freunde als Beweis.

Doch war's geschehen am 3. Tage,
zu viel Rotwein, schwierige Lage.
Großer Durst, die Flasche war leer,
da plagte ihn der Hunger sehr.

So aß er dann ein Brot mit Wurst,
die war sehr scharf und erzeugte Durst.
Weil das schlimmer noch als Heimweh war,
begab er sich in die Haifisch-Bar.

Den Durst zu löschen, war sein Ziel
und deshalb trank er doch recht viel.
Es war so richtig schön und lebhaft,
mit allen Gästen trank er Bruderschaft.

Vor lauter Trinken hatte er nicht erfahren,
dass alle Matrosen seine Brüder waren.
Sie waren zusammen ein lustiger Haufen
und hatten Riesenspaß am Saufen.

Auf einmal wurde Kunze ganz blass,
fiel vom Barhocker neben das Rotweinfass.
Dort schlief er dann in Frieden ein,
ohne Gedanken an Daheim.

Da Kunze wie ein Toter schlief,
nahmen seine „Brüder" ihn mit zum Schiff.
Dort wachte er wieder auf vom Saufen,
doch das Schiff war schon ausgelaufen.

Matrose Kunze bekam einen Schock:
„Ich bin auf'm Meer, ich geh' am Stock."
Er war als Matrose nicht sehr teuer
und bekam sein Essen und seine Heuer.

Oh je, die Heimfahrt muss ich mir verdiene'
denn ich muss schnell heim zu Ernestine.
Die wusste, dass er die Heimkehr vergisst
und meldete ihn bei der Polizei als vermisst.

Erst nach 2 Jahren kam Kunze zurück,
er fand seine Wohnung wieder, zum Glück.
Sogar Ernestine war daheim,
doch sein langes Wegsein fand sie gemein.

* * *

ENDE

Der Autor

Alfred A. Weber wurde 1945 als Nachkriegskind in Rheinland-Pfalz geboren. Er absolvierte eine Lehre als Chemielaborant und trat mit 17 Jahren in den Polizeidienst des Landes Rheinland-Pfalz ein. Über 28 Jahre arbeitete er sich bis zum Polizei-Oberkommissar hinauf.

Dann wechselte er als Ausbilder zum weltgrößten Sicherheitsunternehmen, wo er Mitarbeiter*innen und Führungskräfte ausbildete. Er folgte dem Ruf nach Zürich, um dort den Ausbildungsbereich der Schweizer Schwesterfirma zu leiten. Hier lernte er auch seine Engadiner Frau, Heidi, kennen. Zu Beginn seines Rentner-Daseins war er nicht nur 5 Jahre lang selbständig tätig, er erlernte auch den Drechslerberuf. Neben dem Drechseln gehören zu seinen Lieblingsaktivitäten das Wandern, Reisen, Lesen und das Schreiben von Gedichten und Geschichten. Sein Leben lang schrieb Alfred A. Weber für sich selbst Gedichte. Sein erster Gedichtband „Mein Engadin" erschien im Eigenverlag.

Der Verlag

> *Wer aufhört
> besser zu werden,
> hat aufgehört
> gut zu sein!*

Basierend auf diesem Motto ist es dem novum Verlag ein Anliegen, neue Manuskripte aufzuspüren, zu veröffentlichen und deren Autoren langfristig zu fördern. Mittlerweile gilt der 1997 gegründete und mehrfach prämierte Verlag als Spezialist für Neuautoren in Deutschland, Österreich und der Schweiz.

Für jedes neue Manuskript wird innerhalb weniger Wochen eine kostenfreie, unverbindliche Lektorats-Prüfung erstellt.

Weitere Informationen zum Verlag und
seinen Büchern finden Sie im Internet unter:

w w w . n o v u m v e r l a g . c o m

Bewerten Sie dieses Buch auf unserer Homepage!

www.novumverlag.com